MATURIDADE EMOCIONAL

Frederico Mattos

MATURIDADE EMOCIONAL

Por que algumas pessoas agem
como adultas e outras não

PAIDÓS

Copyright © Frederico Mattos, 2021
Copyright © Editora Planeta do Brasil, 2021
Todos os direitos reservados.

Preparação: Marina Castro
Revisão: Andréa Bruno e Elisa Martins
Diagramação: Vivian Oliveira
Capa: Helena Hennemann / Foresti Design

Dados Internacionais de Catalogação na Publicação (CIP)
Angélica Ilacqua CRB-8/7057

Mattos, Frederico
   Maturidade emocional: por que algumas pessoas agem como adultas e outras não / Frederico Mattos – São Paulo: Planeta, 2021.
   176 p.

   ISBN 978-65-5535-277-1

   1. Emoções 2. Maturidade emocional 3. Maturação (Psicologia) I. Título

21-0051   CDD 155.7

Índice para catálogo sistemático:
1. Maturidade emocional

 Ao escolher este livro, você está apoiando o manejo responsável das florestas do mundo

2024
Todos os direitos desta edição reservados à
Editora Planeta do Brasil Ltda.
Rua Bela Cintra 986, 4º andar – Consolação
São Paulo – SP CEP 01415-002
www.planetadelivros.com.br
faleconosco@editoraplaneta.com.br

Aos que ousam mergulhar nos mares
obscuros de si mesmos e retornam
transbordando sabedoria e compaixão.

Sumário

INTRODUÇÃO 9

PARTE I. UM MAPA DAS EMOÇÕES **15**
CAPÍTULO 1. O QUE SÃO AS EMOÇÕES? COMO LIDAR COM ELAS? 17
CAPÍTULO 2. COMO SURGE UMA EMOÇÃO E O PAPEL DOS
PAIS NAS SUAS ORIGENS 25
CAPÍTULO 3. POR QUE IGNORAR AS EMOÇÕES PODE SER UM
MAU NEGÓCIO? 31
CAPÍTULO 4. GLOSSÁRIO DAS EMOÇÕES PROBLEMÁTICAS
(E COMO ENFRENTÁ-LAS) 39

PARTE II. EFEITOS COLATERAIS DA IMATURIDADE **53**
CAPÍTULO 5. O QUE É IMATURIDADE EMOCIONAL? 55
CAPÍTULO 6. OS CINCO TRAÇOS DA IMATURIDADE EMOCIONAL 62
CAPÍTULO 7. IMATURIDADE NA FAMÍLIA 81
CAPÍTULO 8. IMATURIDADE NOS RELACIONAMENTOS AMOROSOS 86
CAPÍTULO 9. IMATURIDADE NO TRABALHO 92

CAPÍTULO 10. OS IMATUROS PODEM FAZER O MAL?........................ 98

PARTE III. CAMINHO DE AMADURECIMENTO 113
CAPÍTULO 11. OS CINCO PILARES DA MATURIDADE EMOCIONAL E
60 EXERCÍCIOS PRÁTICOS 115
CAPÍTULO 12. MATURIDADE NA VIDA COTIDIANA............................ 144
CAPÍTULO 13. MATURIDADE AO LONGO DA VIDA 159

CONCLUSÃO 167

LIVROS E VÍDEOS DE INTERESSE CORRELATOS............................... 171

AGRADECIMENTOS.. 173

Introdução

Quero convidar você para uma travessia de amadurecimento emocional que impactará todas as suas decisões daqui para a frente.

Imagine a sua casa dos sonhos, ande pelos cômodos dela, repare na decoração, observe as fotos em porta-retratos e você verá toda a sua personalidade estampada lá. Esse foi um trabalho de anos, de muito esforço, tudo para transformar paredes brancas e impessoais em seu aconchegante lar…

A maturidade emocional cria em você esse tipo de arquitetura única e inconfundível de uma vida mais plena de equilíbrio e conexão pessoal. Raramente, porém, ela é decifrável num piscar de olhos, pois existem camadas de beleza que florescem apenas quando observamos sem afobação, como um prato sofisticado que degustamos de olhos fechados e que só libera sua grandeza aos poucos.

Neste livro, você não verá uma fórmula universal ou quadradinha, mas possibilidades para navegar do seu próprio jeito. A ideia é que você domine a arte de lidar com suas emoções e crie sua própria mobília interior.

Se, por um lado, a maturidade é muito singular e, às vezes, enigmática, a imaturidade é bastante parecida em qualquer canto que olhamos, de tão caricata e previsível. Faça a seguinte experiência: pense em alguém que você conhece que seja emocionalmente imaturo. Que imagens vêm à sua cabeça? Quais sentimentos essa pessoa desperta no seu coração? Como você se relaciona com ela? O que espera dos seus comportamentos? Quanto confia nela? De que jeito a detesta? Você perceberá que outras pessoas imaturas seguem padrões bem semelhantes.

Todos nós temos um critério intuitivo para identificar essa figura, mas não sabemos nomear com clareza. Teria a ver com a idade, pagar as contas ou ter responsabilidades? Não, afinal, já vimos sujeitos imaturos com cabelos brancos, pagadores de boletos (até ricos de doer) e em cargos de chefia (quem nunca teve um chefe alucinado?). Essa pessoa pode estar camuflada em qualquer situação, vestida de terno e gravata ou de sandálias, pregando paz e amor, com discurso extremista ou com filosofia humanitária.

O entendimento da maturidade emocional facilita tanto o autoconhecimento quanto a compreensão dos outros e ajuda a decifrar o que está nos bastidores de um comportamento que você acha problemático e que até julgaria impiedosamente. Não seria incrível poder avaliar de forma menos dura o que se passa dentro de nós e das pessoas com quem convivemos?

A maneira mais fácil de identificar nossa imaturidade é enfrentando um problema. A crise testa a nossa maturidade, força os nossos limites, desgasta as nossas máscaras e revela como agimos de verdade.

Quais parâmetros usamos para solucionar um problema? O que fizemos quando as informações da situação eram incompletas? Qual foi o nosso comportamento diante de um impasse? E nossa maneira de agir com as outras pessoas? Como lidamos com as consequências de nossos erros? Como gerenciamos as emoções? Os pais de uma criança a deixariam aos nossos cuidados ou teriam medo de que a machucássemos por distração ou até maldade?

A imaturidade, em alguma medida, é uma forma muito restrita de nos relacionarmos, em que negligenciamos e até prejudicamos os outros para garantir o nosso bem-estar. Essa visão fechada nos impede de equilibrar necessidades individuais com as de grupo, e até mesmo uma pessoa divertida e querida, se for emocionalmente imatura, não seria muito indicada para lidar com questões que demandem maior sofisticação emocional.

Este livro vai ajudá-lo tanto com questões urgentes quanto com situações crônicas. Tomei o cuidado de falar sobre maturidade como um guia pessoal aplicável a qualquer tipo de personalidade em vários contextos de vida (sem virar um manual boboca de como agir corretamente). Quero fazer com você uma travessia pelos caminhos de suas emoções, desde a maneira como você lida com sentimentos difíceis até a possibilidade de construção da maturidade emocional.

Na **parte I** deste livro, quero levar você a conhecer um pouco mais do seu mundo emocional. Vou descrever o que são e como se originam as emoções, como operam internamente e como agir quando elas se tornam mais desafiadoras.

Na **parte II**, vou me deter propriamente nos cinco traços de imaturidade e seus desdobramentos na família, nos relacionamentos amorosos e no trabalho, além de refletir sobre as decorrências éticas da imaturidade.

Na **parte III**, finalmente, quero esclarecer quais são os pilares da maturidade emocional (que são os contrapontos dos traços de imaturidade), como ela se aplica na prática cotidiana e como se desenvolve ao longo da vida.

Propus cerca de **60 exercícios de graus variados** de dificuldade ao longo do livro para que ninguém se sinta subestimado ou submetido a uma prova de fogo. Como a maturidade é uma dimensão dinâmica da vida, não é justo imaginar que todas as pessoas estejam no mesmo passo. Você verá que isso está longe de parecer um treinamento de "como se tornar sério e abrir mão dos prazeres da vida", pois amadurecer não tem a ver com abdicar de alegria e bons momentos.

Não prometo que você será uma pessoa madura ao terminar de ler este livro; os livros de autoajuda mentem descaradamente quando garantem esse tipo de resultado. Tampouco quero que você sinta culpa por pensar que falhou nas sugestões contidas aqui, afinal seria muito fácil dizer que o livro é ótimo e que você foi incompetente ao aplicá-lo. É questão de tempo, tentativa e erro e paciência – a persistência traz resultados que se somam no longo prazo.

Confesso que falar de imaturidade foi um dos maiores desafios que tive, pois é uma palavra batida, de uso corrente e alta carga pejorativa, e por isso é muito difícil explicar algo que já está na mente das pessoas sem derrapar em estereótipos. Cada linha deste livro se baseia em muita leitura disseminada sobre assuntos correlatos, em anos de prática clínica e trabalho com a minha própria imaturidade ao longo de bastante terapia pessoal. Não queria decepcionar nenhum leitor por conta dos meus enganos pessoais ou fazer parecer que falo do alto de uma montanha de maturidade, desconectado dos mesmos problemas que você enfrenta.

Há outro desafio na leitura deste livro: como a ideia de maturidade parece estar associada a algo meio chato, difícil e inacessível, as pessoas mais emotivas, alegres e expansivas podem se sentir fora desse barco. Maturidade emocional tem menos a ver com um traço específico e mais com uma forma de lidar com a vida que pode vir embalada em senso de humor, vivacidade e divertimento. E isso pode ser feito por pessoas com qualquer tipo de personalidade, sejam elas introvertidas ou extrovertidas, práticas ou intuitivas, racionais ou emotivas, e em qualquer fase da vida.

Uma dica **para quem tem preguiça de ler:** você pode ler o capítulo que quiser na ordem que for do seu interesse, mas em certo ponto precisará voltar às explicações mais técnicas sobre os traços de imaturidade para entender o que está sendo dito, então **não pule de jeito nenhum os capítulos 1, 6 e 11** e detenha-se neles com mais calma. Se quiser se aprofundar em algum tema, teremos capítulos complementares na sequência desses. Se estiver passando por problemas agudos para identificar suas emoções, fiz um pequeno **glossário de emoções** no **capítulo 4**.

Desejo do fundo do meu coração que os seus dias sejam menos problemáticos e que você tenha em mãos palavras que inspirem uma vida mais madura e emocionalmente plena.

PARTE I

UM MAPA
DAS EMOÇÕES

CAPÍTULO 1

O que são as emoções? Como lidar com elas?

> *Dentro de nós há uma coisa que não tem nome,*
> *essa coisa é o que somos.*
> **José Saramago**

Emoções são reações neuropsicológicas passageiras a um acontecimento que nos comunicam algo importante para nos incitar à ação. São como nuvens temporárias que sugerem possibilidades, retratam paisagens psicológicas e podem ganhar vida própria dependendo de como respondemos ao seu chamado.

A tristeza, a raiva, o medo e a alegria são exemplos de emoções básicas e universais que duram alguns minutos e ajudam a nos orientar internamente nas nossas relações interpessoais. Agem como bússolas que nos guiam para mais perto dos nossos valores pessoais e das experiências que tivemos ao longo da vida.

Como seres humanos, passamos por milhares de anos de adaptação que nos prepararam para novas condições físicas e sociais e, da mesma forma que inventamos tecnologias avançadas como o fogo e a internet, também desenvolvemos uma mente sofisticada capaz de lidar com cenários muito complexos e sutis. E foi graças às nossas emoções que sobrevivemos a essa jornada aprimorada de adaptabilidade.

Isso não quer dizer que devemos ser arrastados por nossas emoções – algumas são frutos de um condicionamento tóxico ao longo de nossas vidas –, mas que elas são um alerta importante que precisa ser ouvido com atenção.

Se pudéssemos traduzir a emoção num modelo simplificado, seria este:

> Emoção é o resultado do encontro entre um acontecimento e o nosso sistema físico e psicológico (composto pela bagagem pessoal e pelo significado que damos ao evento) naquele momento presente.

Imagine que você está distraído (momento presente), andando na rua enquanto olha o celular, quando subitamente tromba com uma pessoa (acontecimento externo) e, por hábito, ameaça esbravejar (bagagem pessoal), pois deduz que a pessoa é folgada (significado/narrativa) e sente raiva (emoção). No entanto, se dá conta de que ela é deficiente visual (mudança de paisagem mental e novo acontecimento interno) e, por respeito a essa condição (bagagem pessoal de educação), pede desculpas e, por achar a sua reação precipitada (narrativa), se envergonha (emoção).

Uma emoção não surge sem a conexão entre o acontecimento externo ou interno (uma lembrança ou outro sentimento) e a interpretação que se dá (tomando por base os próprios hábitos e visões de mundo) ao que aconteceu.

A bagagem pessoal é determinante para desenhar um condicionamento emocional problemático ou libertador. Se uma pessoa sempre se irrita, se lamenta ou se envergonha com as situações cotidianas, isso se deve a um ciclo de anos de repetições das mesmas reações e interpretações dos fatos.

Portanto, as emoções nunca são óbvias ou universais, pois, se cada pessoa viveu **uma história pessoal**, é provável que cada uma interprete os acontecimentos de um modo diferente. Há pessoas que adoram festas surpresa (por acharem que são prestigiadas e importantes) e outras que se sentem mal (por sentirem que são humilhadas e feitas de boba). Se as reações fossem iguais, ninguém discutiria diante dos mesmos fatos, afinal tudo seria unânime, mas, como tivemos bases diferentes, interpretamos os acontecimentos de formas muito personalizadas.

Mesmo um acontecimento aparentemente banal pode evocar emoções tão únicas que jamais seríamos capazes de deduzir por que alguém mudou repentinamente de humor por estar com fome ou por ter ouvido o barulho de um rojão. Por isso, nossos julgamentos que dizem "não foi nada" ou "para de frescura" costumam ser ofensivos, pois aquilo que provoca alegria em nós pode despertar as piores emoções no outro.

Um acontecimento pode ser externo ou interno, pois, mesmo quando não está acontecendo "nada" significativo do lado de fora, a nossa mente está sempre produzindo conteúdos. Uma emoção difícil pode vir do barulho de um pneu freando, mas também de uma memória.

A nossa **narrativa** também responde ao que sentimos, pois, se uma pessoa é mais durona e acha que certa situação é uma besteira (significado), poderá se irritar, mas, se acha que é uma situação delicada, vai sentir mais compaixão.

Conhecer a sua bagagem pessoal é muito importante para decifrar suas próprias emoções, além de perceber qual é o seu jeito padrão de contar para si mesmo o que está acontecendo. Uma pessoa raivosa provavelmente sempre interpreta os fatos de uma determinada maneira que cria um gatilho de indignação, e a raiva vem como forma de lidar com os incômodos no meio do caminho.

Então, se você mudar a maneira como interpreta os fatos, vai transformar não só as suas reações como também as emoções subjacentes às ações. Se acha que a vida é uma guerra, vai sentir raiva; se sentir que a vida é um momento precioso, vai sentir tristeza ou alegria, dependendo do que acontecer. No fundo, você decide como vai se emocionar antes de se emocionar, por tudo aquilo que lhe ensinaram e pelas convicções que formou sobre a vida.

As emoções têm cinco grandes objetivos evolutivos, e precisamos entender o que isso significa para aproveitar melhor este livro:

1. Adaptação biopsicológica diante de novos dados, incitando à ação, se necessário

Esse propósito responde por nossa capacidade de resolver problemas, prever comportamentos e agir adequadamente. Seria bem problemático ser incapaz de ver uma fisionomia e entender se aquela pessoa representa perigo ou solidariedade.

2. Contextualização ambiental, criação de narrativas conforme a nossa bagagem pessoal

Os principais sinais comportamentais são aqueles não verbalizados, e as emoções são capazes de reconhecer o que escapa à percepção consciente. Essa leitura social mais sutil é o que nos permite ver duas pessoas falando, entender que elas estão conversando de forma mais ou menos harmoniosa e até dar sentido para o que ouvimos. É como transformar palavras e movimentos físicos que pareceriam desconectados em uma narrativa pessoal (estão brigando, por exemplo) que nos dê meios de agir.

3. Base para compor aspectos de nossa identidade numa personalidade plural

Cada vivência que tivemos imprimirá um colorido especial em dado momento, e isso vai compor a arquitetura de nossa personalidade. Cada aglomerado de emoções compõe um traço que formará uma faceta de nossa identidade nessa grande construção psicológica que chamamos de "meu jeito de ser".

4. Construção de vínculos comunitários

O que nos atrai nas pessoas só pode ser mobilizado pelas emoções, o que garante não só a sobrevivência da espécie pela procriação, mas também o cuidado profundo dos laços comunitários que nos legitimam como seres sociais.

5. Engajamento cognitivo para absorver novas informações e habilidades

As emoções criam uma cola que gruda a nossa atenção e fixa as memórias para a construção de hábitos e a absorção de novos conhecimentos. Você provavelmente já memorizou uma matéria na escola cantando uma musiquinha irritante (olha aí a emoção), mas que ajudava na hora da prova.

As emoções querem passar uma mensagem sobre algo muito importante que está acontecendo. Ouça com atenção!

Sentimentos são estruturas psicológicas mais complexas, que dependem de um cérebro humano plenamente desenvolvido, com suas operações básicas, como memória, vontade, afetividade e raciocínio lógico, funcionando a todo vapor, ou seja, dependem de uma cognição mais sofisticada para operar efetivamente.

Uma criança tem protótipos sentimentais que, com o tempo, se tornarão mais robustos e complexos. Se o seu filho pequeno diz que odeia você, ele não quer dizer que odeia de fato, mas apenas que está com raiva pelo que você fez naquele episódio. Ele provavelmente só vai odiá-lo mesmo (na concepção correta de ódio) quando estiver na adolescência, com as funções cognitivas mais plenamente desenvolvidas.

Se os sentimentos são mais complexos que as emoções, uma pessoa pode ter o **sentimento de amor** e ao mesmo tempo *sentir a emoção da raiva* por estar momentaneamente frustrada ou se sentindo rejeitada. O sentimento é o guarda-chuva mais abrangente, em que cabem emoções variadas e até contraditórias, como acontece com a angústia – em que existe culpa, medo, tristeza, abandono, dúvida. Uma emoção momentânea não pode ser confundida com um sentimento, que é mais multifatorial e duradouro.

Camadas emocionais

a) Emoções primárias, secundárias e terciárias

As **emoções primárias** são aquelas mais próximas da fonte que as provocou. Um susto provoca surpresa, um ataque provoca medo, uma humilhação pode provocar raiva ou tristeza, e uma boa notícia provoca alegria.

As **emoções secundárias** são aquelas que surgem como efeito de uma emoção primária, por exemplo, a raiva de si mesmo por ter sentido medo ou a tristeza decorrente de sentir inveja de uma pessoa querida. Isso quer dizer que uma mesma emoção pode manifestar-se como decorrência de uma ação imediata ou como reflexo de outra emoção.

As **emoções terciárias** são aquelas que absorvemos de outras pessoas, como no caso de uma criança que sente a tristeza que seria da mãe, como uma porta-voz da emoção alheia. Pessoas muito sensíveis acabam tornando-se esponjas emocionais, pois estão sempre ligadas nas necessidades dos outros, mesmo que de maneira exagerada.

b) Conscientes *versus* subterrâneas

Nem todas as emoções estão plenamente disponíveis para a nossa consciência, em especial aquelas que vemos como vergonhosas, indesejáveis ou perturbadoras.

Sentimentos como raiva, medo e inveja não são em si negativos, pois nos dão uma pista da direção para a qual nossos valores estão apontando e do que tentamos nos defender. Mas muitas pessoas mal reconhecem essas emoções e criam uma manobra de repressão automática, negam para si mesmas e fingem que elas não estão lá, mesmo que estejam.

Com o tempo, essas emoções vão tornando-se cada vez mais inacessíveis e subterrâneas, e isso não quer dizer que elas não existam ou não nos afetem, mas que não estão disponíveis (com um olhar superficial) para serem olhadas, confrontadas, analisadas, diluídas ou solucionadas.

Você pode estar sendo grosseiro e ríspido com os outros sem saber que está alterando seu tom de voz. O fato de você não ter percepção emocional de algumas coisas não quer dizer que elas não existam. Algumas pessoas que se dizem frias e racionais só estão inconscientes de si mesmas.

c) Complexidades emocionais ambivalentes e contraditórias

Como somos seres complexos, podemos sentir emoções muito ambivalentes e, por vezes, contraditórias, como o que sempre acontece em relação à mãe. Devido ao grau de importância que damos a essa figura quase mítica, nós a amamos ao mesmo tempo que sentimos raiva, medo ou culpa em relação a ela; enfim, sensações contraditórias.

Quando alguém diz que gosta ou não de algo de modo definitivo, você pode desconfiar que essa é uma porção muito pequena do que a pessoa está sentindo.

Na prática, as suas emoções não são tão lineares e previsíveis como gostaria. Você tem muitas facetas ou subpersonalidades que atuam conjuntamente, e cada pessoa demanda um aspecto de você.

A tristeza que você sente em relação a um amigo é diferente da que sente pela sua mãe, apesar de parecer a mesma emoção, porque a textura das relações é distinta. Então você pode sentir várias coisas aparentemente contraditórias com relação a alguém por conta dessa complexidade emocional.

EXERCÍCIO DE COMPREENSÃO EMOCIONAL

Tente preencher o trecho a seguir com algum evento emocional que você teve recentemente, de acordo com a definição que apresentei no começo do capítulo.

Emoção (_____) é o resultado do encontro entre um acontecimento (externo ou interno_____) e o nosso sistema físico (necessidades básicas_____) e psicológico [composto pela bagagem pessoal (_____) e pelo significado (que narrativas você construiu_____) que damos ao evento] naquele momento presente (como você estava_____).

CAPÍTULO 2

Como surge uma emoção e o papel dos pais nas suas origens

Melhor jeito que achei pra me conhecer foi fazendo o contrário.
Manoel de Barros

Afinal, o que causa as nossas emoções: o lado biológico ou o social? Essa pergunta nos induz a um erro muito comum nos debates acadêmicos, pois nenhum fenômeno humano é só biológico ou só social: há uma base biológica sem a qual não seria possível ter os mesmos mecanismos e engrenagens compartilhados com as outras pessoas, e uma social, pois necessita-se de uma teia comum que dê contexto para as dinâmicas emocionais. Então, para acabar com essa falsa dicotomia entre biologia e sociedade, precisamos entender o aspecto psicológico como o elemento de conexão que dará um significado único para cada acontecimento a partir do seu repertório particular.

Imagine que existem duas pessoas num carro que se acidenta: cada uma delas reagirá de modo único, apesar de o evento ser o mesmo. A emoção, portanto, é um fenômeno multifatorial que pede uma conversa entre biólogos, sociólogos e psicólogos.

A origem das emoções

Se eu disser que você aprendeu a amar em algum momento da sua vida, talvez isso cause um choque, afinal o amor parece instintivo – bastaria olhar os bebês e suas mães. Mas isso não é verdade; sentimentos complexos como o amor dependem de muitos ingredientes e narrativas. Os pais são os grandes modeladores na hora de fermentar esse pão.

Emoções básicas como tristeza, medo, raiva, alegria, desprezo e nojo são evolucionariamente instaladas no nosso cérebro como mecanismos essenciais de sobrevivência. Quer você aceite, quer não, existe uma programação que o predispõe a sentir essas emoções no corpo. Mas **os motivos pelos quais essas emoções serão associadas em sua mente a certos eventos dependerão da aprendizagem social**, ou seja, da convivência com as figuras de seus cuidadores, pais, avós, professores e toda a rede de apoio.

Então, desde pequenos, somos capazes de experimentar tristeza, medo, raiva e alegria, mas, ao longo da vida, os sentidos se modificam e as razões mudam. Hoje você não se importaria em perder a mamadeira, mas ficaria aborrecido sem um cigarro (se for fumante) ou um abraço. A operação emocional é a mesma, mas os motivos vão transformando-se com o tempo.

A **bagagem pessoal** é resultado de um tipo de seleção emocional que, ao longo dos anos, se fechou em pequenos atalhos psicológicos que podemos chamar de **identidades ou subpersonalidades**. Algumas pessoas têm um portfólio emocional mais amplo, com emoções que caminham por um espectro mais diversificado de possibilidades, enquanto outras parecem reagir trancadas em apenas uma ou duas emoções limitantes que resultam em comportamentos problemáticos.

Esse repertório psicológico pode congelar ao longo dos anos, criando um conjunto mais fluido ou fixo de identidades num tipo de personalidade mais ou menos rígida. Esses núcleos de identidade baseiam-se tanto naquilo que ouvimos sobre as nossas emoções e valores quanto no que experimentamos no convívio com as pessoas que nos cercam.

A bagagem emocional ensinada

Como educadores emocionais, os pais têm um papel muito importante na construção da nossa emocionalidade. Aquilo que eles falam, explicam e repetem verbalmente tem o papel de construir a dimensão consciente que está na ponta da língua quando nos perguntam sobre nossos valores morais.

Esse conjunto de valores vai compondo as regras que **"eu sei"** que tenho que seguir, podendo ser mais coerentes ou caóticas. Esse sentimento de que você **deveria** fazer algo tem base numa percepção mais idealizada pela sociedade e pelos pais, e é comum que seja frágil em termos de aplicabilidade, pois parte de ideias mais rasas sobre dilemas éticos.

"Seja bom", "não machuque os outros", "empreste o seu brinquedo" são bons argumentos para incentivar os filhos a agir bem. Quando pensamos nos nossos dilemas morais, essas mensagens surgem na nossa cabeça e nos dizem o que deve ser feito. Mas por que, mesmo sabendo o que é correto, você se flagra agindo de forma diferente daquilo em que acredita?

Esse sentimento de vergonha pelas nossas contradições vem da visão convencional da moralidade, que é simplista, supostamente aplicável a qualquer situação e pretensamente fácil de usar: mate ou não mate, ajude ou não ajude. Mas a vida real aparece e dá um tapa na nossa cara com situações mais complexas do que aquelas para as quais o nosso ideal se programou.

Imagine a situação de Danilo, um jovem adulto que vivia com os seus pais mais idosos atravessando um longo período com a mãe vítima de Alzheimer. Ela já estava irreconhecível havia alguns anos: a doença devastara toda a sua personalidade, que era de uma mulher extremamente dócil, e agora a fazia agir como uma pessoa insensível, verborrágica e grosseira. Então ela sofreu um AVC, que a deixou em coma e em uma condição de degeneração irreversível, e ficou a cargo do filho a decisão de insistir num tratamento ineficiente e interminável ou oferecer cuidados paliativos até que ela morresse.

A regra de ser bom, não machucar os outros e lutar pela vida não ajuda muito diante desse dilema, pois, na mentalidade convencional, não importa o que aconteça, em nenhuma circunstância se deve apressar ou facilitar a morte, mesmo que a pessoa esteja em condições deploráveis. Por outro lado, essas regras foram criadas em contextos sociais em que ninguém era exposto a esse tipo de situação, afinal a medicina pouco podia fazer na maior parte dos casos como esse, e era o corpo que decidia pela própria morte, e não os familiares. Diante de novos dilemas éticos, a moral convencional tem uma aplicabilidade pouco clara e útil, tendo em vista que os eventos não são óbvios e de única interpretação. Como vivemos num mundo plural e com referências morais e filosóficas diversificadas, não parece tão simples decidir-se pelo que é certo ou errado.

O que seria útil então? Certamente uma perspectiva moral que contemplasse uma emocionalidade que suporta mais pontos de indefinição, incerteza e impotência.

A bagagem emocional vivida

A segunda fatia do bolo emocional é resultado de outra influência sobre as crianças: aquilo que é efetivamente feito com elas. O que é mais impactante para uma criança que pouco compreende conceitos abstratos como justiça, bondade, verdade e liberdade, mas entende com muita clareza se você ajuda, mente, grita ou dá abraços? Para a criança, ver os pais gritando tem um efeito muito mais convidativo para copiar do que a ordem de que não se deve gritar.

Quando o pai fica dias emburrado com a mãe sem que o filho saiba dos impasses sexuais do casal, o que a criança vai registrar emocionalmente? Ela estará inconsciente das razões do silêncio e, mesmo que soubesse, não compreenderia; na prática, ela só vê os pais mantendo distância e frieza emocional. O relacionamento dos pais cria uma carga emocional muito maior do que aquilo que falam sobre educação moral.

Crianças sabem racionalmente que é errado tratar com indiferença as pessoas que amam, mas o que sentem é que a frieza é uma forma "eficiente" de agir no momento de dor.

As crianças são ótimas observadoras, mas lhes falta o repertório sutil de interpretação para que decodifiquem os fatos; logo, elas guardam aquilo que as impacta diretamente nas emoções, e isso forma a sua **"moralidade emocional"**.

Por exemplo, uma criança sabe que deve tratar bem as pessoas, mas sente mais familiaridade na sensação que a violência física provoca, pois é isso que experimentou com seus pais. Na escola, entre os amiguinhos, ela pode sentir um "prazer" controverso em maltratar ou ser maltratada por outra criança, pois é o que acumulou em sua bagagem emocional, em vez de se proteger de violência, que foi o que os pais lhe ensinaram verbalmente. Os pais mais atentos vão perceber que aquilo que fizeram foi mais determinante do que aquilo que ensinaram.

Os pequenos entendem a força de uma ação e de uma não ação, então, quando uma criança empurra a outra e olha para os pais, a reação deles será mais determinante do que a bronca verbal. Se os pais rirem da situação (porque interpretaram aquilo com uma admiração secreta – "olha como meu menino é ousado e vigoroso" – ou ainda com piedade – do tipo "coitado, só quer se divertir"), ela vai guardar a sensação de aprovação velada.

Depois de um tempo, quando forem confrontados por uma denúncia de comportamento abusivo do filho com os coleguinhas, esses pais serão tomados de assalto pela indignação. Conscientemente dirão que nunca ensinaram o filho a tratar mal a ninguém, e isso é verdade do ponto de vista mais superficial (é o que eles acreditam ter ensinado), mas a ação prática no passado foi permissiva com violência. Foi isso que o filho espelhou.

As repetições emocionais vividas com os pais terão um peso simbólico e emocional mais contundente, por melhores que sejam as intenções morais da família. A hipocrisia unida a uma moralidade controversa é mais comum do que pensamos, pois a pessoa julga a si mesma pelo que acha que fez, e não pelos efeitos prejudiciais concretos de seus jogos psicológicos.

Agora talvez fique claro por que nos debatemos moralmente entre os valores em que acreditamos e aquilo que de fato fazemos: nossa mente racional está identificada com o que a cultura mais ampla nos ensina que é correto e o que os pais verbalizam como regras de bons modos, mas os nossos hábitos emocionais estão conectados com o que vivemos na pele ao longo de anos.

Se a nossa educação familiar ignorou o aspecto emocional, provavelmente o que sentimos acaba sendo o oposto daquilo que gostaríamos de fazer.

CAPÍTULO 3

Por que ignorar as emoções pode ser um mau negócio?

> *Suponho que me entender não é uma questão de inteligência e sim de sentir, de entrar em contato... Ou toca, ou não toca.*
> **Clarice Lispector**

Neste começo do século XXI, estamos numa temporada em que as emoções ainda são alvo de muito desprezo e preconceito, especialmente porque estão associadas à fama de "ruins" ou descontroladas. Ser racional, frio e produtivo, sem se deixar inundar por emoções, pareceria o caminho mais respeitável e bem pago, e daí vem a nossa escolha de rejeitar o contato com a nossa vida emocional.

Quando lidamos com as emoções, elas parecem intensas, descontroladas e responsáveis por comportamentos catastróficos. Temos a ideia de que, quando nos tornamos maduros emocionalmente, somos mais racionais (o oposto de emocionais) e menos afetados pelas emoções. Mas amadurecer é seguir em contato com as emoções, com a diferença de que não seremos dominados por elas nem agiremos de forma destrutiva ou problemática.

Se as emoções são partes tão essenciais da vida, **o que perdemos quando ignoramos o nosso lado emocional?**

1. Ponto cego

Ao ignorar o que acontece no campo emocional, você perderá informações valiosas sobre os acontecimentos, pois as emoções oferecem uma visão global sobre um evento e garantem o colorido da situação. Imagine perder a capacidade de ver pequenos milagres ou realidades duras por causa de uma anestesia psicológica: seria como dirigir em alta velocidade no meio de uma neblina cerrada. Então, quando tiver que tomar uma decisão pessoal, profissional ou financeira, você poderá sentir um tipo de bloqueio para se posicionar com firmeza, simplesmente porque não terá as suas emoções como boas conselheiras.

2. Perda de brilho pessoal

Com o colorido das emoções, a nossa visão das pessoas, bem como a maneira como somos vistos por elas, ganha potência. Uma pessoa desconectada de suas emoções pode mostrar-se apática ou arrogante, mesmo que ache ter vivacidade e carisma. Além disso, com as emoções somos capazes de nos conectar, ter interesse e até mudar uma realidade indesejável sem sermos cínicos ou alheios aos outros. Uma pessoa com pouco brilho nos olhos não terá automotivação, pois isso depende da conexão com as emoções do momento e do desejo ardente de um resultado no futuro.

3. Radar social prejudicado

Sem emoções, você seria incapaz de perceber um clima desagradável, um constrangimento alheio ou uma postura inadequada (e as pessoas diriam que você é sem noção ou insensível). Algumas percepções sociais são muito sutis; entre tantas coisas acontecendo, existem várias outras que são cruciais para formar uma imagem abrangente do cenário. Perder essa perspectiva é ter apenas um ângulo de um contexto mais complexo. Isso acontece com muita frequência em brigas de casal, em que uma das pessoas ignora completamente os sinais sutis que a outra emite sem as palavras.

4. Fraca conexão emocional

Se ignorar suas emoções, sua disposição para a intimidade emocional será menor, e, toda vez que estiver próximo de um relacionamento saudável, você poderá colocar tudo a perder. Como o contato com os seus sentimentos é pobre, terá menos engajamento nas suas relações e ficará predisposto ao tédio com mais facilidade, só porque não leva em consideração as emoções. Ao ser incapaz de lidar com o campo emocional, você também poderá negar um sinal de alerta para situações tóxicas e com isso se colocar numa condição manipulável.

5. Falta de tesão

O tesão pela vida depende da conexão emocional. Para se apaixonar por alguém, ter vontade de crescer na vida, de estudar ou fazer atividade física, é preciso conexão com as emoções, com aquilo que pulsa internamente e que o move numa determinada direção. Ao transformar as relações em algo impessoal ou raso, você provavelmente vai diminuir a sua capacidade de se envolver por um longo tempo e até de sustentar o desejo sexual, afinal as emoções e a vivacidade estão intrinsecamente conectadas.

6. Perda de traquejo social

Você não conseguirá ter desenvoltura nem saber a hora de mudar, se reposicionar ou agir, correndo o risco de ser inconveniente, inadaptado ou passivo. Conhecer a mente humana e a própria personalidade na sua complexidade é fundamental para a saída de uma areia movediça emocional. Ao perder essa ginga dada pelas emoções, você deixa de acionar os mecanismos para ser uma pessoa mais querida, carismática e amada.

Depois de explicar o que você pode perder ao negar suas emoções, quero desfazer algumas objeções que costumo ouvir no consultório, de pessoas que têm medo, receio, tabus ou preconceito em relação às próprias emoções.

OBJEÇÃO 1:
"Se eu mexer muito, vou encontrar emoções negativas"

Emoções são processos adaptativos da espécie humana. O que talvez seja negativo é a maneira como você se julga quando sente uma emoção difícil e como a digere. Nossa cultura tem emoções "queridinhas" em comparação com outras; em alguns países, as pessoas se sentem mais à vontade com um sentimento do que com outros. Então existe, sim, um tipo de julgamento coletivo que cria uma camada de culpa sobre uma emoção com a qual já é difícil lidar.

A maneira como você experimenta essas emoções acaba definindo o grau de "negatividade" que você atribui a elas; algumas trazem vitalidade e outras nos deixam drenados. Provavelmente é isso que você chama de negativo.

A raiva e o amor têm a sua importância, dependendo de como vamos encarar os seus efeitos sobre nós. É no modo como conduzimos uma emoção que realmente podemos mudar a chave da experiência de negativa para positiva, ou seja, tornar construtivo algo que poderia ser problemático.

A ideia da maturidade emocional é que as emoções chamadas negativas passem a ser vistas como aliadas do processo de autoconhecimento emocional; portanto, nessa perspectiva, todas emoções são úteis, quer nos tragam alegrias, quer nos tragam dores.

OBJEÇÃO 2:
"Vou perder a minha essência se eu ficar muito contido"

Quando está muito identificado com uma emoção, você costuma definir-se por ela: "Sou raivoso". Então avalia que deixar de alimentar a raiva poderia ser um desastre, coisa de quem não é forte de verdade. Por isso, a ideia de mudar soa como uma perda de identidade ou de controle da própria espontaneidade.

Mas a pergunta que eu sempre faço é: você chegou até aqui por causa de sua emoção de estimação ou apesar dela?

Você não vai virar um robô se amadurecer, e sua espontaneidade passará por caminhos variados, menos monotemáticos. A ideia equivocada de maturidade emocional é de alguém muito sério, sisudo, tenso, chato e implicante, ou de um general dizendo o que fazemos de errado. Mas na prática não é assim.

Uma hora a gente percebe que gerenciar melhor as emoções nos torna mais leves, vivos, sensíveis e até lúdicos, capazes de brincar em situações difíceis e rir das próprias desgraças.

OBJEÇÃO 3:
"Por que vou mexer nisso se no fundo não posso mudar como me sinto?"

Verdade, você tem menos controle sobre como se sente quando está transbordando. Mas e se pudesse domar esse cavalo selvagem de forma mais ágil? E se, com o tempo, toda a força desse cavalo pudesse estar a seu favor?

Dependendo do que conta para si mesmo sobre como as pessoas são e como o mundo funciona, você terá emoções diferentes. Dependendo da personalidade e da forma de encarar a vida, duas pessoas podem sentir coisas completamente distintas num mesmo cenário, e isso determina a maneira como dominam as suas emoções.

Uma pessoa mais aberta e fluida sentirá as emoções brevemente, não mais que isso, e outra que cultiva uma visão mais conflitiva e revanchista poderá arrastar emoções dolorosas por anos a fio.

Você pode não ter plena capacidade de impedir que as emoções surjam (e isso nem seria adequado), mas pode ter habilidade para diluir suas manifestações e cristalizações. Uma pessoa terá mais facilidade para sentir entusiasmo diante de um problema, como se fosse um desafio, e outra, que se acostumou a recuar e fugir dos obstáculos, sucumbirá num mar de pessimismo e medo.

Quando você diz que não consegue escolher como se sente, na verdade apenas está inconsciente dos seus mecanismos emocionais e, por isso, reage de maneira impulsiva. Ao ter mais familiaridade com essa visão interna, com certeza ganhará tempo psicológico antes que uma emoção domine as suas ações.

No fim das contas, ao tomar consciência de suas emoções e ampliar a perspectiva de si mesmo, você poderá, sim, mudar como se sente, mesmo que no curto prazo isso pareça impossível.

OBJEÇÃO 4:
"Emoções me deixam desprotegido ou influenciável"

O maior medo que temos é parecermos fracos ou manipuláveis ("Não vou me abrir para sentir coisas e ficar chorando todo dia no escritório quando o babaca do meu chefe me chamar a atenção"). Sentir emoções e ser dominado, impressionado ou controlado por elas são duas coisas distintas.

Somos educados de um jeito que faz com que as pessoas ganhem poderes sobrenaturais sobre a maneira como nos sentimos, podendo nos erguer ou derrubar.

Entretanto, isso não é culpa das emoções, mas do modo como você enxerga a si mesmo e se relaciona com os outros. É a nossa rigidez emocional que nos torna influenciáveis; as pessoas só têm o poder de criar certas emoções em nós quando a nossa autoimagem é muito fixa, como quando nos provocam com um apelido indesejado.

A familiaridade que você ganhar com suas emoções o deixará menos vulnerável ao poder alheio. Numa mesa de negociação, quando você ignorar a dimensão emocional, não vai perceber certas expressões, os contornos emocionais ou cada detalhe das coisas que acontecem; vai atropelar os impasses e perder oportunidades simplesmente por ignorar essas sutilezas.

Todas as emoções que acontecem na relação com as pessoas são sistêmicas, ou seja, ninguém vai inocular uma emoção em você se não souber apertar os botões certos na sua cabeça. Se essa pessoa tiver poder de persuasão e clareza emocional, vai levá-lo no bico, caso você não tenha a mesma consciência.

Portanto, ter consciência emocional não deixa você desprotegido, e sim um passo à frente dos outros, com uma visão mais global e profunda em qualquer contexto, e por isso ninguém mais vai poder "criar" uma emoção em você.

OBJEÇÃO 5:
"Prefiro ser uma pessoa racional"

Deixe-me contar um segredo meio chato: **ninguém é racional!**

As mais recentes descobertas no campo das neurociências, em especial o trabalho de António Damásio no livro *A estranha ordem das coisas: as origens biológicas dos sentimentos e da cultura*, mostram isso (grifo meu).

> Hipoteticamente, se você reduzisse as "trilhas" de sentimento da sua mente, ficaria apenas com cadeias dessecadas de imagens sensitivas do mundo exterior em todas as variedades conhecidas – visuais, sonoras, táteis, olfativas, gustativas, mais ou menos concretas ou abstratas, traduzidas ou não para alguma forma simbólica, ou seja, verbal, provenientes da percepção, ou evocadas da memória. E seria ainda pior se você tivesse nascido sem as trilhas de sentimentos: o resto das imagens viajaria pela sua mente *sem* ser afetado e *sem* ser qualificado. **Uma vez removidos os sentimentos, você se tornaria incapaz de classificar imagens como belas ou feias, prazerosas ou dolorosas, elegantes ou vulgares, espirituais ou mundanas. Poderia ainda ser treinado, com muito esforço, a fazer classificações estéticas ou morais de objetos ou eventos** (isso também poderia ser feito com um robô, obviamente).

Se a racionalidade pura é um mito, então o que uma pessoa dura como pedra faz com seus sentimentos? A mesma coisa que os outros, só que sem saber o que se passa nos bastidores da sua mente. Um emotivo atravessa as emoções de maneira desgovernada, sem ouvir de verdade o que está ocorrendo, e a pessoa rígida também faz isso, mas de forma mais discreta. Ambos perdem a verdadeira mensagem das emoções: um a ignora e o outro a dramatiza.

Não existem razão e emoção em termos reais; essa é só uma divisão didática (e às vezes poética) que fazemos no cotidiano para falar do que se passa dentro de nós. O que chamamos de pensamento é a faceta descritiva e linguística dos nossos estados psicológicos, e a emoção é a contraparte corporal que vai dar o impulso para nossas ações.

Se uma pessoa não tivesse emoções, ela seria um robô incapaz de fazer qualquer escolha sem que houvesse sido programada para isso. A emoção está onipresente na sua vida, quer você goste, quer não.

Portanto, se você acha que é uma pessoa racional, na verdade só não sabe o que está acontecendo na festa que rola agora no seu porão, e mesmo assim vai causar confusão na vizinhança. Então, se é para ficar desgovernado emocionalmente, sendo duro ou dramático, é melhor saber o que se passa aí dentro do que ignorar.

CAPÍTULO 4

Glossário das emoções problemáticas (e como enfrentá-las)

Este capítulo tem um caráter consultivo. Recorra a este pequeno glossário quando se sentir tocado por uma emoção específica ou estiver sem vocabulário para nomear o que está vivendo emocionalmente.

1. Emoções básicas

São interpretações simples e menos elaboradas dos acontecimentos; costumam ter uma mensagem bem direta para nós, pois nos incitam a ações cotidianas de sobrevivência física e psicológica. Lembre-se de que as emoções estão sempre nos mandando mensagens para uma ação interna ou externa e querem nos proteger da dor e proporcionar conforto (baseadas nas nossas narrativas internas e bagagem pessoal).

TRISTEZA:
"Olhe para aquilo que é importante e você está perdendo"

A tristeza é o pesar pela perda de algo valioso que amamos, como uma pessoa, uma ideia, uma chance, um emprego ou um papel profissional. Lidar com ela é se conectar com o que está sendo perdido, valorizar a existência que se vai, expressar o pesar e vivê-lo num processo de luto. A tristeza também nos conecta com as perdas dos outros e pode abrir espaço para o sentimento de compaixão.

Portanto, não deveríamos bloquear a tristeza, mas apenas garantir que ela transmita as suas mensagens sem paralisar as nossas ações. Ao olharmos para ela, podemos detectar as escolhas problemáticas da nossa vida e mudar de rumo, ou pelo menos saber que estamos valorizando coisas que não são muito boas para nós e das quais devemos nos desapegar.

MEDO:
"Você está correndo perigo. Fuja!"

O medo é o movimento de afastamento em relação a um ataque real ou imaginário. Como o medo depende de nosso repertório pessoal, podemos achar uma coisa mais perigosa que outra, dependendo de como fomos ensinados emocionalmente. Nossos pais podem nos ensinar um medo desproporcional de baratas que nos faz avaliar esses insetos como mais perigosos do que são. Então até mesmo o medo pode nos enganar e nos induzir a pensar que algo é mais danoso do que realmente é. Uma **imaginação catastrófica** é bem diferente de uma realidade factual perigosa, e precisamos treinar esse crivo de saber quando estamos antecipando uma perda real ou quando temos uma fantasia de perda que pode só nos desgastar inutilmente.

O medo também é a antecipação da tristeza, então, se pudermos perceber quão precioso é aquilo que tememos perder, podemos ganhar força, sem ficar paralisados.

Se uma mãe *imagina* que o filho está em perigo só porque está correndo, em vez de sofrer com a ideia de perdê-lo, ela pode simplesmente abraçá-lo e dizer que o ama, sem alarde ou recomendações catastróficas.

RAIVA:
"Invadiram com desrespeito o seu território. Ataque!"

A raiva é o preparo para o contra-ataque diante de um ataque real ou imaginário.

Se alguém é fechado no trânsito, a raiva surge como reação à interpretação de ter sido humilhado, passado para trás ou feito de bobo pelo motorista da frente. Na prática, não é possível averiguar a real intenção do outro, e caberá a nós escolher se vamos cultivar a raiva com muita frequência. A raiva costuma ser viciante por oferecer uma aparência de força e controle da situação, mas pode encobrir outras emoções importantes, como a tristeza subjacente à ameaça.

A raiva pode ser valiosa para avisar sobre o que nos ameaça, mas inútil se ficarmos absorvidos por ela num impasse. Essa emoção é o alerta que aparece quando a cerca elétrica é acionada, mas vira um problema se a sirene continua apitando e precisamos tomar uma decisão ponderada.

Quem é muito sensível à raiva precisa entender se a sua cerca elétrica está disparando com facilidade e quais são os gatilhos sociais mais propensos a causar isso. Se é acionado o tempo todo, esse sistema de defesa cria desgaste pessoal e ineficiência para lidar com as situações, uma vez que guerrear com os outros pode prolongar inutilmente um embate.

ALEGRIA:
"Não adoraria se divertir e ter mais energia?"

A alegria é a emoção que busca recompensa por algo conquistado. É quando o desejo se realiza e vivemos algum tipo de prazer físico ou psicológico. Ela pode aparecer também para nos levar a obter mais energia ou tirar proveito de situações difíceis.

DESPREZO:
"Isso é perigoso e você deve se desfazer disso imediatamente"

É a percepção de algo como perigoso, diferente ou inferior, e pode ser prejudicial física ou emocionalmente. Como também faz parte da nossa educação emocional, o desprezo pode transformar-se num mecanismo patológico de depreciar e diminuir os outros. Portanto, é importante diferenciar o que é perigoso do que só é diferente para não cair numa conduta preconceituosa e arrogante.

2. Sentimentos

Sentimentos são intrinsecamente complexos e, para uma análise mais profunda, seria preciso entender o contexto da bagagem da pessoa envolvida. Como a personalidade é sempre composta de muitas identidades internas, os sentimentos costumam causar certa confusão e ambiguidade interior, pois podem apontar para ações aparentemente contrárias.

ACEITAÇÃO:
"Relaxe, vai ficar tudo bem"

É uma elaboração interna de respeito ao que é inevitável na vida. Depois de se debater contra uma perda irreversível, a pessoa processa o que aconteceu, se recompõe e percebe quais são as partes que se quebraram e as que podem ser reaproveitadas.

AMARGURA:
"Proteja-se da maldade do mundo"

Surge como resultado da briga com os fatos da vida em forma de desprezo generalizado. Costuma surgir aos poucos diante de acontecimentos duros e que criaram desilusão pessoal em diferentes áreas da vida. Para se libertar desse fechamento, a pessoa precisa abrir-se para novas possibilidades até que a amargura ceda lugar ao encantamento.

AMBIÇÃO:
"Busque tudo o que puder"

Faz a pessoa se movimentar em relação a uma fantasia idealizada e pode tanto estar presente num cientista que busca uma vacina quanto se distorcer em ganância tóxica. A ambição não tem um caráter emocional negativo, mas algumas pessoas podem ficar deslumbradas com a própria idealização e se tornar obcecadas. Para sair dessa fixação é preciso conviver com as próprias vulnerabilidades e se engajar num caminho de desconstrução.

AMOR:
"Nunca mais você se sentirá só"

Tem quatro dimensões. A primeira é **existencial**, uma vontade humana de beneficiar outro ser humano, e é nessa base que as outras dimensões se manifestam. A segunda é **sentimental**, que engloba várias emoções, como a admiração, a excitação, a alegria, a tristeza, a raiva e o medo. A terceira é **relacional**, como aquela experiência quase visceral de necessitar a presença do outro. A quarta dimensão é **atitudinal**, um comportamento de benefício ao florescimento humano da pessoa amada por meio de atos concretos.

ANGÚSTIA:
"Você quer tudo e não está dando conta. Faça uma escolha"

É a perda de energia por um conflito interno entre duas facetas opostas da personalidade. É quando se deseja o que é proibido ou se rejeita aquilo que deveria ser visto como agradável. Ao criar a possibilidade de olhar para essa multiplicidade interna sem necessariamente alimentar a concorrência entre os dois caminhos, conseguimos abrir espaço para que a contradição nos enriqueça emocionalmente.

ANSIEDADE:
"Há muito perigo no futuro. Proteja-se!"

Diferente da condição patológica, o sentimento de ansiedade é a busca de antecipar uma imagem futura e catastrófica baseada em eventos dolorosos do passado. O ansioso pensa que se prepara para lidar com a dor futura quando está apenas evitando repetir angústias infantis. A confiança é a melhor maneira de lidar com o medo ansioso, pois parte da certeza de que ele já enfrentou muitos dramas e poderá lidar com outros mais.

CARÊNCIA:
"Você quer tudo e nada basta"

É um vazio emocional que busca no outro a sensação de saciedade para compensar uma solidão crônica ou falta insuportável. A pessoa carente precisa, a todo momento, certificar-se de que é amada, respeitada e reconhecida. Se pudesse cuidar dos outros como busca cuidado, a carência reverteria a passividade para a doação.

CIÚME:
"Controle cada passo para evitar a rejeição"

É um sentimento que mistura inferioridade, desconfiança e ruminação. Longe de ser saudável ou natural do amor, o ciúme é uma disfunção do relacionamento, pois parte da premissa de que a felicidade é construída com base na posse e na dominação do outro. Para sair do caminho da mesquinhez é preciso apostar no crescimento, na liberdade e no compartilhamento de vida com o outro até que o ciúme perca espaço para a generosidade afetiva.

COMPAIXÃO:
"Cuide da dor dos outros"

É a capacidade de se colocar ao lado da dor dos outros ao mesmo tempo que sente um impulso irresistível e alegre de acolher, compreender e apaziguar as causas do sofrimento alheio.

CULPA:
"Você precisa pagar pelo que fez de errado e se corrigir"

É a tristeza pela perda de uma imagem idealizada de si mesmo. Apesar do caráter corretivo, a culpa nem sempre busca a recomposição efetiva da pessoa prejudicada: pode virar um mecanismo de distração psicológica, do tipo "eu me culpo para não ter que reparar o malfeito". Para superar o sentimento de culpa é preciso identificar e mudar os padrões emocionais que levaram ao ato, e não se martirizar pelo ato em si.

CURIOSIDADE:
"Olhe tudo o que está à sua volta"

É o impulso emocional de buscar algo que parece desconhecido e inacabado, na tentativa de fechar uma imagem que parecia incompleta.

DESAMPARO:
"Você está só neste mundo. Feche-se"

É o sentimento de perda de referência afetiva por perda de base emocional. Ocorre quando você fica, em alguma medida, desapropriado da sua rede de confiança.

DESAPONTAMENTO:
"Falhou, nada é perfeito"

É a quebra de expectativa a respeito de si mesmo ou dos outros. O desapontamento ocorre quando você se percebe pior do que tinha imaginado, pois a sua fantasia era maior do que a realidade. Em vez de criar imagens das pessoas, é melhor se relacionar com as características contraditórias delas.

DÓ:
"Ela precisa de você, está vulnerável"

Surge quando você olha alguém que está numa posição emocional, física, financeira ou social mais desfavorecida e sente uma ambivalência de superioridade e compaixão. Pode ser um protótipo da compaixão, se você perceber que estamos todos no mesmo barco de tormenta emocional, ainda que em contextos diferentes.

EMPATIA:
"O que será que está acontecendo ali?"

É a habilidade de se colocar mentalmente no lugar de outra pessoa. É a habilidade de se compadecer ou, pelo menos, imaginar o que o outro possa estar sentindo, seja numa situação desconfortável, seja numa situação de sucesso.

ENCANTAMENTO:
"A vida é linda!"

É o sentimento de desabrochar diante de uma situação, com um traço de simplicidade e alegria. Encantamento é uma forma de alegria suave, serena, como se você se refrescasse com um pequeno milagre da vida cotidiana.

ESPERANÇA:
"Nem tudo está perdido. Prossiga"

É quando você sente que pode contar com uma melhora futura e que as coisas parecem convergir para uma vivência mais positiva em comparação com a anterior.

FÉ:
"Você não sabe o que está acontecendo e tudo bem"

É o sentimento de entrega diante do desconhecido, uma convicção que ultrapassa os abalos da vida cotidiana. Pode basear-se puramente numa figura transcendental ou num senso de habilidade pessoal. De modo geral, é associada a um sentimento de espiritualidade.

FELICIDADE:
"Tudo está bem, não importa o motivo"

É um estado mental que transcende os sentimentos e as emoções da vida cotidiana, como uma condição existencial mais estável, para além das variações do dia a dia, ainda que tenhamos a tendência a confundir felicidade com alegria.

FRUSTRAÇÃO:
"Você perdeu algo, que raiva. Agora descanse"

É a raiva como reação à tristeza pela perda de algo valioso que encontrará na aceitação um novo significado para o luto.

GRATIDÃO:
"A vida é boa"

É o senso de recompensa e preenchimento por uma conquista ou um presente.

INVEJA:
"É tão triste não ser como aquela pessoa. Será que ela deveria ter tanto?"

Surge da percepção de assimetria e inferioridade em relação ao valor do outro; portanto, é um tipo de tristeza associada com desprezo referente a uma pessoa vista como superior àquela que sente. Pode virar um impulso para o crescimento ou permanecer como uma rivalidade amargurada.

LIBERDADE:
"Você pode fluir"

É experimentada como emoção de autonomia com o direito de ir e vir, mas pode ser também uma condição existencial exercida com as escolhas diante dos desagrados da vida: sua maneira de reagir a eles é que determina o bom ou o mau uso da sua liberdade.

LUTO:
"Você precisa de tempo para lidar com essa dor"

É um processo que acontece ao longo do tempo de elaboração da dor pela perda de uma pessoa ou algo de grande carga de afetos. Nessa jornada de ressignificação, muitas emoções surgem: da negação e da raiva iniciais até a aceitação e a retomada da vida.

MÁGOA:
"Proteja-se. Não confie tão facilmente"

É um sentimento que mistura raiva, tristeza, menos-valia e impotência diante do agressor. Para sair dessa espiral é preciso um processo lento de liberação pessoal e perdão – não uma reconciliação, mas uma cura interior na reconstrução do bem-estar.

NOJO:
"Afaste-se disso imediatamente"

É uma emoção básica que afasta você de uma experiência ameaçadora ou de um agente externo. Ela foi fundamental ao longo da evolução da espécie para garantir que nos afastássemos de condições de envenenamento ou perigo. Isso não quer dizer que todos os nossos nojos são instintivos, pois também aprendemos com os nossos cuidadores a nos enojar de coisas e situações específicas.

OBSESSÃO:
"Não saia daqui até completar a missão"

É a atitude comportamental que vem de uma fixação em relação a uma imagem ou pessoa. Costuma nos dar indicativos de necessidades não atendidas e de uma vida menos realizada, de modo que o prazer em torno de algo determinado se torna o centro da vida.

ÓDIO:
"É preciso destruir aquilo que ameaçou você"

É um sentimento profundo de afronta contra algo ou alguém que você reduz a uma característica que possa atacar e transformar num inimigo. O ódio é um tipo de distração emocional: simplifica a vida ao criar uma narrativa persecutória de acusações a terceiros. Para superar o ódio é necessário expandir os horizontes, conhecer a diversidade da vida e se aprofundar na complexidade dela, aceitar que nem tudo é o que parece para abrir os horizontes emocionais e até buscar mais fontes de prazer e realização para diminuir a obsessão odienta.

PRAZER:
"Relaxe e descarregue a tensão"

É a interface entre o sensorial e o emocional que causa uma descarga e um relaxamento da tensão preexistente.

PREGUIÇA:
"Poupe esforços, pois há muito pela frente"

É a recusa à ação por perda de energia ou por uma rejeição involuntária a cumprir uma regra imposta. Em vez de relutar, é preciso conectar-se com o senso de realização verdadeiro, e não com uma sujeição passiva ao desejo dos outros.

SAUDADE:
"A falta está doendo. Busque"

É a percepção da indisponibilidade de uma situação ou pessoa que permanece só no campo da memória e remete a afetos muito intensos, positivos e, paradoxalmente, dolorosos.

SOLIDÃO:
"Você precisa de espaço para se recompor, mesmo querendo companhia"

É o senso de não pertencimento a nenhum grupo, associação ou companhia pessoal. Uma pessoa pode estar acompanhada por várias outras e, no entanto, não se sentir conectada com ninguém por se considerar superior ou incompreendida.

TÉDIO:
"Você não está conectado ao que está acontecendo"

É o mal-estar diante de uma sensação repetitiva e conhecida que já não causa animação ou euforia. O tédio pode tanto ser decorrente de uma conjuntura muito desgastante de repetição meramente mecânica e que dispensa criatividade como pode ser resultado de uma personalidade presunçosa que sente que nada a entretém. Olhar com apreciação e curiosidade para a vida pode reintroduzir vitalidade no cotidiano.

VERGONHA:
"Você fez algo ruim. Esconda-se"

É o sentimento de inferioridade pela consciência de uma quebra de expectativa social. É um tipo de recuo do contato humano por medo de que as pessoas julguem aquele que sente ou revelem o senso de inferioridade que ele carrega.

EXERCÍCIOS PARA LIDAR COM EMOÇÕES DIFÍCEIS

AUTO-OBSERVAÇÃO
Tenha um diário. Anote tudo o que puder do seu mundo interno por trinta dias seguidos. Se facilitar, divida por períodos do dia. Por uma questão de aprendizado, é importante anotar todos os dias nesse primeiro mês para incorporar o hábito; depois isso se tornará natural.

VOCABULÁRIO
Aprenda o nome de uma emoção nova a cada dois dias. Procure no glossário deste livro ou busque na internet e em outros meios, mas saiba dar nome aos sentimentos.

RECONHECIMENTO
Aprenda a reconhecer três emoções básicas em você. As mais fáceis são tristeza, medo e raiva. Faça uma tabela para saber quando elas surgiram e com o que estavam relacionadas.

CONHEÇA SEUS GATILHOS
Saiba dar nome para a emoção despertada por um evento externo ou interno. Crie conexões causais entre situações e emoções e veja como existem emoções que são gatilhos de outras (se sobrepõem) e que contrastam com outras (e criam ambivalência emocional).

EMPATIA
Aprenda a reconhecer emoções nos outros. Tente identificar o que os outros sentem e como enxergam o mundo.

OUÇA
Se as suas emoções querem enviar uma mensagem, tente personificá-las. Imagine que são pessoas que moram dentro de você e pergunte a elas: "O que vocês estão tentando me mostrar?". Com certeza você vai se surpreender com o seu chamado.

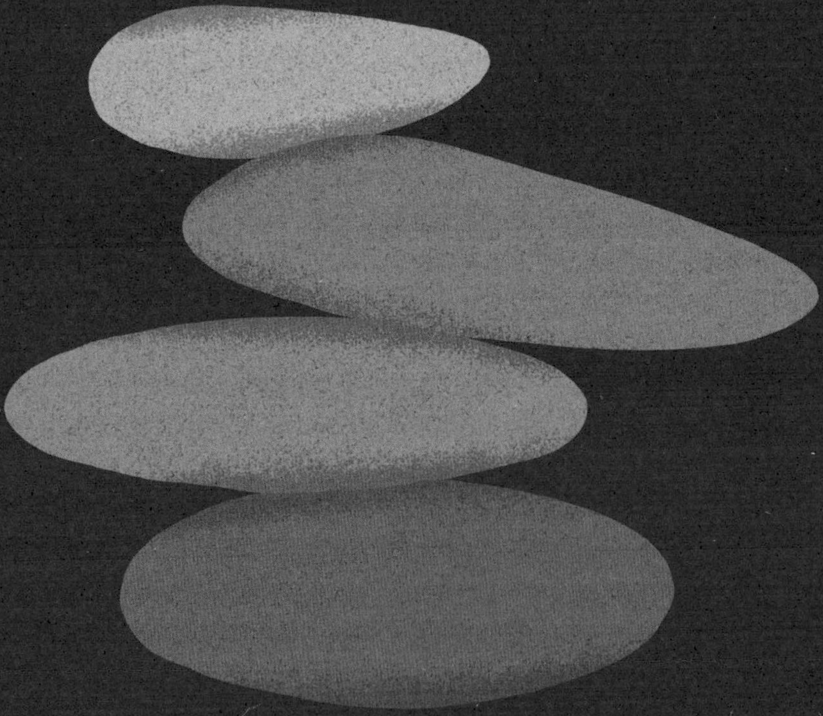

PARTE II

EFEITOS COLATERAIS DA IMATURIDADE

CAPÍTULO 5

O que é imaturidade emocional?

> *O amor imaturo diz: "Eu te amo porque preciso de ti".*
> *O amor maduro diz: "Eu preciso de ti porque te amo".*
> **Erich Fromm**

Quem já conviveu com uma criança em desenvolvimento tem uma noção do que é o processo de amadurecer. O recém-nascido é muito frágil, parece passivo diante da sua necessidade de sobrevivência física e emocional, mas tem uma capacidade muito poderosa de aprendizado.

Todo o gerenciamento emocional da primeira infância está focado em um reconhecimento embrionário das próprias emoções e na detecção de sentidos mais e mais profundos da convivência social. Esse gerenciamento pode até parecer ineficiente para lidar com situações intensas, mas forma o terreno que será capaz de enfrentar os desafios que surgirem ao longo da vida.

À medida que cresce, a criança torna-se efetivamente capaz de olhar para os lados, gerenciar os seus ímpetos, tornar-se sociável e conviver com o que é diferente, até que comece a entender as regras do jogo de um mundo cada vez mais abstrato e complexo.

Não me parece muito honesto chamar uma pessoa imatura de infantil, pois uma criança tem uma maturidade relativa altíssima, tendo em vista sua capacidade de aprendizado e sua incorporação de novas habilidades. A pressa da criança é diferente da afobação do adulto, e vamos entender isso ao longo do livro.

Da infância ao começo da vida adulta, o processo maturacional de base está consolidado em termos de ferramentas operacionais, mas não em capacidade de uso. Nossa imaturidade pode ficar camuflada pelo contexto ou pelas pessoas que nos cercam, em especial aquelas que amamos. Uma criança não tem uma capacidade cerebral plenamente desenvolvida para agir de modo sofisticado, mas um adulto, com seu aparato mental disponível, não poderia alegar o mesmo.

A imaturidade emocional é **um tipo de descompasso psicológico que dificulta o enfrentamento das demandas da vida adulta, quase uma recusa em atravessar as fronteiras da infância para resolver os dilemas mais complexos da vida adulta**. É um tipo de fixação emocional que prejudica a maneira como você enxerga o mundo, gerencia as emoções, se relaciona com as pessoas e encaminha os impasses cotidianos.

Essa visão nublada costuma criar problemas cotidianos, como uma pessoa que só olha para os seus interesses e reage com afobação e intensidade diante de cada impasse ou permanece fechada e fria para se relacionar. O resultado disso é um sentimento de insatisfação crônica e infelicidade que muitas pessoas relatam sentir na vida.

As saídas imaturas para um problema buscam uma diminuição imediata da pressão interna e têm pouca resiliência para enfrentar o verdadeiro núcleo de uma questão. A pessoa que busca essa escapatória reage de forma parcial e imediatista, tentando apagar um incêndio com gasolina.

O pior de tudo é que aqueles que poderiam nos dar bons exemplos também carecem de recursos emocionais: temos poucas pessoas próximas como referência do que seria alguém maduro. Na hora em que o calo aperta, nossos ídolos também se desequilibram e paralisam numa postura rígida, controladora, dramática ou artificialmente fria e desconectada do problema. O resultado é catastrófico, pois seguimos passando esse bastão de imaturidade emocional de geração em geração.

E por que resolvi usar a expressão **maturidade emocional**? Para definir bem a diferença entre outros tipos de maturidade, pois alguém que tem maturidade profissional ou intelectual pode não ter o mesmo nível de desenvolvimento emocional. Também para não causar confusão com o conceito de inteligência emocional, que se refere mais a habilidades de reconhecimento e controle das emoções. A maturidade, além de competências, abrange um conjunto de posturas pessoais que permitem gerenciar emoções com maestria e encaminhar impasses e dilemas com sabedoria.

Cascata de confusão emocional

Um dos maiores desafios do cotidiano é lidar com as emoções acontecendo na prática. Um fenômeno comum a todos, com o qual você provavelmente vai se reconhecer, é nos embolarmos numa sequência de ações impulsivas, desgovernadas e que se sobrepõem em camadas de confusão.

Como acontecia com a Júlia, uma jovem engenheira que atendi e que se vangloriava de ser muito racional, a não ser quando o assunto era a fidelidade do parceiro. Uma vez invadiu a aula de ioga do namorado (que era o professor), chamando uma das alunas para a briga. Depois que o fogo passava, ela percebia o comportamento desproporcional, caía numa ressaca moral e entrava num ciclo problemático de submissão, excitação sexual e arrependimento.

O que isso quer dizer? É como se vivêssemos várias emoções sobrepostas pela simples inabilidade de lidar com elas. Um exemplo é uma pessoa que tem raiva e se sente culpada por sentir raiva (pois julga que deveria ser mais pacífica), então sente vergonha por estar culpada (pois prometeu para si mesma que não seria dominada por culpa) e triste (por fracassar mais uma vez ao sentir vergonha e mesmo assim não mudar nada em seu comportamento).

É como se a pessoa sentisse vários afetos que a perturbam e incomodam simplesmente porque não consegue aceitar a si mesma lidando com emoções difíceis. A forma como nossa cultura e sociedade lida com esse tipo de reação interna é muito problemática.

Trabalhando como psicólogo clínico desde 2004, já vi muitos casos em que as emoções se sobrepunham em forma de **cascata emocional**. Um deles foi o de uma mulher que estava noiva e mantinha um caso com um homem casado, ao mesmo tempo que vivia num grande pé de guerra com os pais, pois se sentia humilhada por eles ainda a ajudarem financeiramente.

Segundo ela, o envolvimento com o homem casado era temporário e uma forma de tentar saber se o que sentia pelo noivo era forte o suficiente para seguir no processo de matrimônio. Seu conflito era reflexo de um sentimento de dívida que carregava por ele ter sido um grande apoio emocional no passado misturado com pesar por ver que não sentia vitalidade naquela relação de anos. Com o homem casado, apesar da atração intelectual e sexual, ela não sentia segurança pessoal em relação ao caráter dele. Essas várias emoções sobrepostas criavam situações tensas e aprisionantes, gerando um ciclo infinito de culpa, vergonha, medo e impotência que a impedia de tomar uma decisão efetiva e moralmente satisfatória.

A falta de gerenciamento emocional é sempre um convite para criar uma camada extra numa cascata de confusão instalada.

Manobras imaturas para lidar com o sofrimento

Toda vez que pensar nas suas emoções, considere olhar para elas como se fossem pessoas com intenções próprias. Normalmente, elas vão tentar se afastar do que é desagradável e se aproximar do que é gostoso e confortável, ainda que isso seja problemático; o importante é saber que as emoções tendem a se dirigir para esse lugar quentinho e aconchegante. Listei alguns dos principais movimentos que usamos de maneira imatura para lidar com o sofrimento.

AFASTAR

Nessa operação, a mente procura afastar o objeto de sofrimento para longe. Você já deve ter afastado alguém que amava por temer sentir rejeição ou humilhação.

APAGAR

Quando você se esquece de um evento doloroso, é como se algo na sua mente apagasse o registro. Situações traumáticas costumam provocar essa reação para nos poupar das emoções correspondentes.

APROXIMAR

Sabe aquele amigo de infância de quem você ficava perto de tanto medo que ele causava? Ou o chefe tirano que você adulou para ser poupado de humilhações? Dormir com o inimigo é uma manobra para que o medo pareça menos paralisante.

DESCONECTAR

Quem nunca fechou os olhos num filme de terror para evitar o susto? Ou passou um dia inteiro obcecado com um assunto para não entrar em contato com a pessoa ao lado? Esse é um tipo de anulação dos sentimentos presentes, a tal ponto que perdemos o contato com os afetos em jogo.

DESLOCAR

Se você já brigou com a sua mãe para não se desentender com a pessoa amada, fez uso do deslocamento emocional. É quando o afeto é realocado de uma pessoa para outra para evitar o contato com a dor daquela relação.

DISTORCER

Ocorre quando uma notícia ou um acontecimento é muito doloroso e você o atenua, nega, altera, aumenta ou diminui para digerir as emoções em conta-gotas. Algumas vezes retomamos o conteúdo original para lidar com a verdade, e em outras passamos anos perpetuando a história distorcida.

ENCOLHER

Os tímidos usam muito essa manobra ao se curvar e se diminuir diante dos outros. Ocorre também quando alguém se fecha para evitar intimidade. Outro exemplo é quando alguém nos causa inveja e falamos mal dessa pessoa: ao rebaixá-la, encolhemos a imagem de grandeza para atenuar o sentimento de inferioridade; para não sofrer pela comparação assimétrica, nos apegamos aos pontos em que supomos sermos melhores que o outro.

EXPANDIR

Quando você conta uma vantagem grandiosa (e mentirosa) para impressionar alguém, está expandindo a própria imagem para se afastar de uma percepção de mediocridade. Outra manobra é expandir a imagem de uma pessoa (um artista ou chefe) em forma de idealizações megalomaníacas para não lidar com o sentimento de pequenez que possa vir ao se comparar com seu ídolo. Esse mecanismo é muito usado por pessoas narcisistas, quando agem de forma exagerada e verborrágica, esbravejando seu desempenho olímpico.

EXTERNAR

Quando alguém passa o tempo todo atribuindo a responsabilidade pelas suas ações aos outros ou ao contexto, o que acontece é um tipo de externalização do sentimento conflitante. A culpa é sempre do vizinho, do chefe, do parceiro, dos pais, do mundo, e quase nunca há uma responsabilização própria pela ação danosa; ela é colocada do lado de fora para atenuar o peso moral.

FANTASIAR

Escapar da realidade e inventar um mundo próprio para si é um jeito comum de se proteger dos dias ruins. Pessoas que sofrem de devaneio excessivo e passam muito tempo inventando cenários mágicos normalmente fantasiam para amortecer a dor do presente. Às vezes, a pessoa perde o controle do que fantasiou e vive numa realidade paralela, mas em geral ela só cria a sua versão para amenizar o constrangimento do que viveu, seguindo em contato com o fato real.

INTERNAR

Essa manobra é feita quando trazemos o sofrimento para dentro de nós na tentativa de abafá-lo. É como se cada afeto incômodo se acomodasse atuando com mais força dentro do que fora. Às vezes, alguém que sofre violência passa a agir com violência consigo mesmo, como se internalizasse o mal que sofreu.

MACHUCAR

Quem nunca tratou mal alguém porque era difícil se sentir tão refém do amor do outro? Para evitar a vulnerabilidade que o amor causa, a pessoa acaba ferindo e distanciando quem ama para obter um falso controle dos sentimentos.

REPLICAR

Algumas pessoas ficam indignadas de se verem repetindo aquilo que sofreram nas mãos de outros, como a violência que receberam dos pais sendo replicada com os próprios filhos. É como se agir como aqueles que as submeteram à dor pudesse protegê-las da cicatriz passada.

PEQUENO EXERCÍCIO DE REFLEXÃO

Convido você a fazer uma reflexão antes de prosseguir a leitura. Este é um pequeno exercício inicial para você se dar conta do lugar de onde partirá rumo àquele aonde quer chegar.
- Quanto de imaturidade você percebe no seu comportamento?
- Que nota você daria para si mesmo? (Zero para total imaturidade e dez para maturidade.)
- Quais desses mecanismos citados você se vê utilizando em seu cotidiano?

CAPÍTULO 6

Os cinco traços da imaturidade emocional

Não podes ver o que és. O que vês é a tua sombra.
Rabindranath Tagore

Agora voltamos ao ponto do início do livro. Pense de novo naquela pessoa imatura que você conhece. É possível que você se lembre de uma sequência de pisadas na bola que ela deu. Com frequência, ela agiu de uma forma que fez você deixar de acreditar na humanidade, não porque foi intencionalmente maléfica, mas porque foi desastrosamente fechada em suas visões de mundo e só defendeu os próprios interesses.

Todas as características descritas daqui em diante precisam ser olhadas com especial atenção: elas não são fechadas, definitivas, imutáveis ou intrínsecas a alguém; são posições psicológicas, lugares emocionais onde nos colocamos, dinâmicas de relacionamento que nos habituamos a reproduzir, e por isso são passíveis de mudança, questionamento e transformação.

Por uma questão didática, vou citar alguns casos do consultório, mas não se iluda achando que isso só acontece em situações extremas ou que cada traço aparece isoladamente em uma pessoa: eles se intercalam, se sobrepõem e se acumulam no comportamento. Cada um de nós pode agir sob essas perspectivas a qualquer momento.

TRAÇO 1: Egocentrismo

"Eu só vejo o que interessa para mim"

Rafael é bonito, charmoso e bem-sucedido, o modelo do que uma pessoa gostaria de ter como amigo, pelo menos superficialmente. Mas, ao nos aproximarmos dele, notamos comportamentos bem difíceis e até problemáticos.

Qualquer assunto mais complicado em que você tente envolvê-lo, que abranja responsabilidade, persistência e comprometimento, causará algum tipo de confusão. Para começar, Rafael não gosta de ser cobrado, tudo tem que ser no seu tempo, ritmo e vontade. O problema é que nunca chega a hora das necessidades dos outros, e todas as suas relações orbitam em torno de seus caprichos.

Características centrais: parcialidade e egocentrismo.

Eu me lembro de uma ocasião, quando tinha cerca de 8 anos de idade; era Natal e os meus avós maternos tinham vindo passar o feriado conosco. Como foi um tempo curto de prosperidade financeira, meu pai abastecia a despensa com uma das minhas sobremesas favoritas: pêssego em calda.

Na noite da ceia, eu me saciei com o pêssego, até que notei os adultos brindando com um líquido amarelado. Perguntei o que era e me disseram que haviam batido uma parte dos pêssegos com bebida alcoólica. Numa fração de segundo, minha alegria foi substituída por um impulso irracional de ódio.

Não havia uma etiqueta na lata com o nome Frederico: foi o meu delírio infantil apropriando-se do pêssego que criou o embate. Eu constrangi a todos, esperneei, gritei, ofendi minha avó (que tentava me acalmar) e fiz o Natal se transformar num suplício. Até que meu pai, num ato exagerado, encontrou um empório aberto e trouxe mais pêssego. Aquilo me acalmou? Não exatamente, pois todos já tinham estragado o "meu" Natal, e eu resolvi seguir mal-humorado, sem comer pêssego e fazendo caras e bocas.

Não sinto mais vergonha dessa história (mesmo sendo um surto inesquecível de **egocentrismo**), mas ela retrata até onde o egocentrismo consegue chegar. Esse é um tipo de comportamento caprichoso que estabelece apenas os próprios interesses como prioridade (da pessoa e do resto do mundo).

Diante do olhar egocêntrico, só existe a sua versão **parcial** dos fatos; os outros se tornam subitamente invisíveis, e não é possível enxergar com clareza.

O que falta nessa perspectiva é o equilíbrio entre **a vontade individual e a coletiva**, pois há uma egolatria tipicamente infantil que não é superada com o passar dos anos. Para amadurecer é preciso sair do centro do mundo, lentamente adquirir um olhar mais amplo e perder a fantasia tóxica de que os outros nos devem favores especiais.

O egocêntrico sofre de **pensamento mágico**, pois cria causas ilógicas para certos acontecimentos, torcendo a realidade a seu favor, e não raramente sofre de certa paranoia, imaginando que tudo lhe diz respeito.

Agora imagine um adulto tomando decisões baseadas apenas nas suas **estreitas impressões sobre a realidade**. Quando a pessoa tem um desejo sexual, por exemplo, pode achar que todos estão conspirando para vê-lo atendido, supondo que os seus alvos estão "dando mole", ou seja, faz uma inversão lógica, delirando que as pessoas a desejam quando na verdade ela é quem está as desejando.

O **caráter interesseiro** marca as dinâmicas sociais, ainda que para a própria pessoa o mundo seja um lugar de gente egoísta que não atende os seus apelos, como se todos quisessem tirar algo dela e oferecessem muito pouco. Mesmo que os outros a atendam, nada basta para suprir uma **insatisfação crônica**: sua boca é muito grande, sua garganta é estreita e sua barriga tem um buraco infinito de necessidades não supridas.

A relação de uma pessoa egocêntrica com os demais é de certa dominância e pouca gratidão; dizer "obrigado" ou "desculpa" é uma raridade. Sua forma de amar se confunde com uma relação vertical na qual a outra parte age como plateia para os seus grandes feitos. Mas não pense que isso é sempre descarado, pois a queixa de ser uma pessoa incompreendida, rejeitada ou deixada de escanteio também pode vir dessa noção egocêntrica.

Quando o egocêntrico resolve se relacionar com alguém com talentos maiores e vontades mais afirmativas, pode haver uma batalha **competitiva** por atenção e reconhecimento. Sua dificuldade reside em enxergar as pessoas como mundos próprios, com histórias e narrativas diferentes para os "mesmos" fenômenos.

A palavra "tédio" está sempre entre as suas preferidas, afinal essa pessoa precisa de grandes acontecimentos que entretenham o seu apelo por grandiosidade e espetáculo. Em decorrência disso, está sempre entretida em jogos sociais para receber aplausos, *likes*, elogios e agrados que lustrem a sua **autoilusão grandiosa** (e nunca admitida).

Outro passatempo mental é um tipo pernicioso de devaneio diurno feito como um exercício para compensar uma vida comum e transformá-la em algo incrível. Depois de uma conversa meio sem graça, a pessoa fica imaginando cenários espetaculares e argumentos afiados. Após uma reunião de trabalho enfadonha, fica projetando-se em empresas-modelo onde seria finalmente reconhecida (mesmo que não saiba justificar os motivos).

Não é tão óbvio, mas esse traço torna a pessoa muito **geniosa** e intransigente quando se trata de ceder espaço para outras opiniões. As conversas tornam-se uma queda de braço para que a vontade dela prevaleça, e até um convite vira uma ordem, o que a faz levar a fama de ser **mandona**.

Com o tempo, as pessoas desistem dela e percebem que não há nada que seja recíproco ali. Infelizmente, algumas personalidades mais submissas acabam entrando no jogo de ganha-perde, cedendo sua vida para atender aos gostos e gozos daquela autoproclamada "divindade".

É como jogar futebol com uma pessoa "fominha": é cansativo passar tempo com quem está sempre chamando o jogo para si, mas não toca a bola e reclama quando os outros fazem dribles individuais. A felicidade alheia é vista como rivalidade e acaba sendo sufocada para que o protagonismo gire em um só lugar.

Mas não pense que a única manifestação de egocentrismo pertence aos bem-sucedidos e sortudos da vida. Os menos afortunados também podem querer roubar os holofotes para si e usar de sua história de provações para angariar **piedade**. Lembro-me de ter passado os meus primeiros anos de jovem adulto colhendo simpatia por conta de minha história crônica de virgindade e feiura. Aquele lugar de sofrimento capitalizava solidariedade, e eu usava aquilo, mesmo que inconscientemente, para receber atenção, afeto e reconhecimento por toda a "luta" que travava em meio às privações financeiras e estéticas. Não havia uma única conversa em que esse assunto não viesse à tona para que eu vaidosamente me sentisse olhado com um misto de misericórdia e heroísmo. No fundo, todo tipo de recompensa social que eu recebia era uma forma de egocentrismo mascarado de humildade. Ninguém está livre disso, nem aqueles que passam por dificuldades.

TRAÇO 2: Reatividade

"Tem que ser agora!"

Manu se descrevia como uma ansiosa crônica e cheia de medos e dizia que muitos pensamentos catastróficos vinham à sua mente para toda decisão que tomasse, o que transformava seus dias em uma sequência de passividade. A dificuldade com o futuro era tão grande que ela preferia não desejar tanto as coisas se isso custasse sua tranquilidade.

Relacionamentos amorosos estavam sempre na berlinda, pois, com a sua afobação, ela reagia apressadamente ao comportamento dos seus parceiros, de acordo com o medo da rejeição. Se se sentia amada, era agradável; se interpretava uma frieza como abandono, reagia com fúria. Ela não conseguia perceber que era muito difícil estar ao seu lado diante de vontades que não tinham nenhuma consistência, pois eram formatadas para tirar o risco do abandono do seu caminho.

Características centrais: imediatismo e reatividade.

Se você disser para essa pessoa que "espere um pouco, dê tempo para as coisas se encaixarem", será o mesmo que assinar um atestado de óbito antecipado. A própria ideia de adiar a realização de seus desejos parece uma eternidade, e cada vontade cotidiana vira uma pequena tortura.

Algumas pessoas parecem sofrer dessa espécie de precipitação emocional, pois ficam tão apreensivas pelos resultados que atropelam os acontecimentos e criam uma camada extra de confusão. A reatividade é marcada por uma **impulsividade cheia de pressa** que quer se livrar do desconforto emocional e, para isso, reage rápida e impensadamente diante do comportamento alheio.

Existe um padrão de **voracidade emocional** que a própria pessoa caracteriza como carência, quando na verdade se trata de um impulso constante de apressar os outros a ceder às suas vontades.

Pessoas que **mudam toda hora de humor** levam a fama de bipolares, mas o que acontece é um pingue-pongue de emoções que se alternam de acordo com os fatos. Para terem o que desejam, elas pressionarão até conseguirem o que querem, mesmo deixando um rastro de dor só por quererem chegar rapidamente ao seu **paraíso de satisfação e prazer**. Quem olha de fora pode achar que são malucas, mas por dentro verá pessoas obcecadas por bem-estar que evitam a todo custo ficar por baixo na situação.

Dessa perspectiva, o *modus operandi* de cada movimento dos outros incita uma ação impensada e carregada de ansiedade ou raiva. É um jogo de poder no qual a pessoa reativa sente que está sempre perdendo um tempo precioso, como se a vida tivesse uma urgência aflitiva.

Com isso, parece estar sempre apertando o **botão de turbo** no carro para insuflar um tom de euforia e bem-estar mesmo em situações dolorosas. Na sua opinião, os velórios deveriam ser rápidos "pra ninguém sofrer tanto"; as conversas burocráticas, encurtadas; os diálogos difíceis, anulados; e qualquer evento que exija tempo e amadurecimento, abreviado.

Na tentativa de viver sem problemas, a pessoa reativa atropela quem ama e, apesar de todo relacionamento ser feito de duas vontades, precisa que a sua própria seja soberana. Por isso, o clima na convivência é de certa **irritabilidade e urgência** para que tudo fique bem o quanto antes, e não existe assunto pendente para o dia seguinte, em especial se for do seu interesse.

Inconscientemente há sempre uma expectativa de que **a alegria e o prazer** (ou pelo menos a ausência de aflição) estejam em alta, por isso **o tédio é o inimigo** potencial do imediatista. Ele não percebe que sua exigência de euforia ansiosa é resultado de uma anestesia emocional: ao forçar o tempo das relações, acaba perdendo a sensibilidade e achando tudo meio chato.

Quando você trombar com uma pessoa **queixosa** e que estiver reclamando compulsivamente da vida, ela estará falando a partir desse lugar interno de pressa aborrecida. A administração do tempo será uma correria psicológica desenfreada, pois a pessoa vai acordar aflita com a hora de dormir e terá problemas para dormir, angustiada com a hora de acordar.

Ela mesma se descreverá como **ansiosa**, mas esse termo não se refere à psicopatologia, e sim à pressa de se livrar do peso da vida. Quando não tem, quer; e, quando consegue, teme perder. Por isso age de forma **emocionalmente instável**, pois suas emoções dançam conforme a sua percepção de fracasso e sucesso, cada hora de um jeito.

A pessoa imediatista passa boa parte do tempo guiada pelo medo, num impasse entre o que ainda não conseguiu (ansiedade) e a queixa a respeito do que já não conseguiu (ressentimento).

Como tem uma reatividade interna contra a dor, frequentemente age como se não fosse dona de seus atos, narrando a si mesma como vítima dos acontecimentos e de uma conspiração. Sua infelicidade é culpa da oposição, dos inimigos, de poderes demoníacos ou de pessoas que não querem o seu bem. Essa falta de **protagonismo** misturada com a pressa pela solução dos problemas deixa o imediatista muito vulnerável à ideia de sorte, destino e forças ocultas que venham interferir a seu favor.

TRAÇO 3: Descontrole emocional

"As emoções me dominam"

Não se passava um dia sem que Ana debatesse consigo mesma ou com alguém de sua família. Sobrava até para a mesa, se trombasse com o seu pé. Ela era possuída por um tipo de ardor tão intenso e brutal que facilmente se via brigando com uma pessoa querida para logo em seguida cair em arrependimento e lágrimas. Então começava um novo ciclo de tranquilidade, acúmulo de tensão, nova explosão e sentimentos inconsoláveis de remorso.

Por outro lado, Alex era uma pessoa muito racional, tão analítica que mal se lembrava de quando tinha sido a última vez que se afetara por algo importante, mesmo com a recente morte do pai. Essa aparente desconexão dos afetos fazia com que ele "sentisse" a vida mais distante, fria e sem sentido. Na prática, isso também ocasionou dois divórcios, filhos distantes e problemas profissionais devido à impessoalidade na liderança e ao seu temperamento pouco humano.

Característica central: descontrole emocional.

O que uma pessoa raivosa tem em comum com outra que é fria e aparentemente desconectada? Ambas são dominadas por extremos emocionais e agem de forma desadaptada e desproporcional aos acontecimentos por estarem tomadas por esse tipo de viés psicológico.

Nossa cultura tem uma visão estereotipada de uma pessoa emocionalmente descontrolada: logo nos vem à mente a imagem de uma fúria enlouquecida ou de um tipo de dramaticidade exagerada. Quase nunca pensamos na pessoa descontrolada com uma atitude fria ou até apática. Porém, a verdade é que **o descontrole emocional é uma posição psicológica que faz a pessoa ser possuída por uma emoção específica que controla sua maneira de interpretar o mundo e se relacionar com as pessoas, como um vício mental dominante**.

No livro *A linguagem das emoções*, Paul Ekman – psicólogo especialista em estudos sobre expressões faciais e emoções – descreve esse estado em que estamos presos a uma emoção como (grifo meu)

> um **"período refratário", durante o qual só podemos lembrar informações que se encaixam na emoção**; só podemos interpretar os outros de uma maneira que se encaixe na emoção. Frequentemente, um período refratário é de curta duração e, quando é assim, pode ser útil, concentrando nossa atenção. Para o humor, um período refratário pode durar um dia inteiro e, durante todo esse tempo, estamos interpretando mal o mundo. Não temos acesso a tudo o que sabemos, apenas ao que se adapta ao nosso humor.

O descontrole emocional não é apenas alguém falando com as paredes, mas é a submissão psicológica a um tipo específico de emoção (ou combinações delas) a tal ponto que a pessoa não vê mais nada que discorde desse colorido específico. Se está com raiva, tudo é uma ameaça que deve ser combatida, e nenhum argumento diferente disso parece ser razoável.

Existem ainda dois aspectos que precisamos considerar quando falamos de descontrole emocional: a lente que colocamos e a profundidade que ela adota.

LENTE
Uma pessoa descontrolada de tristeza ou de medo pode até aparentar estar sob controle, simplesmente porque achamos que o descontrole emocional é necessariamente aparente e escandaloso como alguém com

raiva, que grita loucamente. Todas as emoções que citei no glossário podem nos desequilibrar de alguma forma, sendo isso visível para um observador ou não.

Quando a tristeza domina, o desequilíbrio pode aparecer em forma de melancolia, lamentação e apatia; quando é a alegria, pode surgir um comportamento energizante ou inconveniente; quando o desprezo domina, pode ocorrer uma repugnância e evitação crônica.

Se uma pessoa tem um comportamento difícil ou problemático, é possível que tenha um desequilíbrio emocional, usando uma lente específica que domina a sua forma de ver o mundo e a si mesma e de se relacionar com os outros.

Uma pessoa dominada pelo medo, por exemplo, pode chegar a extremos tão grandes que adota uma posição essencialmente **racionalizadora e evitativa**: não entra na arena das emoções e dos conflitos cotidianos para não ser tocada pela trama complicada da intimidade. Há certa obsessão estereotipada na sua forma de viver, tudo para evitar lidar com emoções ameaçadoras; seu foco gira em torno de controle, razão e produtividade, com o objetivo de manter o distanciamento emocional.

A lenta desconexão com os afetos vai fazendo a pessoa perder o acesso aos seus valores mais profundos e se prender a uma **moralidade rígida**, pois, quando alguém perde a capacidade de avaliar emocionalmente um impasse moral caso a caso, pode criar um código de conduta rígido para escapar da ambiguidade moral cotidiana. Nessa busca perfeccionista, pode cair num tipo de **intransigência com as próprias falhas** e com os erros dos outros.

A tentativa de compreender racionalmente todas as camadas da realidade é um objetivo constante e certamente perturba suas relações, afinal demonstra frieza pessoal quando o assunto são os sentimentos. Seu prazer no campo da imaginação costuma superar a própria satisfação na execução; a expectativa da festa é melhor do que a festa em si.

Sentimentos, afetos, impulsos e desejos são "coisas ameaçadoras", por isso a pessoa racional evita surpresas ou imprevistos para não ser flagrada em demonstração de emotividade e vulnerabilidade. Por conta da teimosia orgulhosamente chamada de "foco e resultado", acaba fechando-se em seu mundo de sistemas e fórmulas pessoais. Até as novidades perturbam o seu desejo por uma ordem preestabelecida.

Os relacionamentos pessoais são um desafio quase impossível para a pessoa dominada pelo medo, já que manter cada palavra, intenção e emoção sob controle já é torturante, ainda mais quando esse desejo estende-se aos outros. Não é incomum que ela tenha uma noção polarizada do que é errado, correto, pecado, salvação, bem, mal, que a levará a desgastar a interação social.

Essa supressão dos afetos parece uma vantagem estratégica, mas na prática se torna um mecanismo de anestesia e tédio em relação ao mundo que impede a pessoa de se alegrar genuinamente com a vida e os acontecimentos.

A lente emocional que o descontrole adota determina um padrão de reação que deixa a pessoa com a visão ofuscada e incapaz de agir com clareza, por isso costumamos pedir a ela que se acalme e pense direito, mas, se ela já tem o hábito enraizado de apelar para um tipo de emoção específica, provavelmente será bem difícil dissuadi-la de sua teimosia.

PROFUNDIDADE

Uma emoção pode ser passageira ou duradoura, também aguda ou amena. Em seu curso natural, ela surge, passa o recado e vai embora, mas, se ganha reforço, eco e incentivo, pode permanecer em ondas e ciclos que se instalam como comportamento padrão.

A emoção pode aparecer com alta carga de intensidade e ofuscar a nossa forma de pensar ou pode ser mais constante, branda e desgastante, como acontece com a angústia.

Uma pessoa dramática, por exemplo, costuma oscilar entre encantamento, tristeza, raiva e afetuosidade excessiva. Esse último estado surge da tendência a exagerar os afetos e navegar por paisagens pouco profundas da convivência humana. Você já deve ter conhecido uma pessoa imaginativa e impressionável (do tipo que se assusta com os próprios pensamentos), com a autoestima oscilando ao sabor dos acontecimentos, relativamente insegura (a ponto de não colocar limites para as outras pessoas) e variando entre uma postura esperançosa-ingênua e amargurada-pessimista.

No cotidiano, essa pessoa parece carregar uma **carência** que a faz demandar muito das pessoas, se submeter a relacionamentos ruins e flertar constantemente com o sentimento de rejeição. É um pouco **sonhadora e idealista**, e não raramente procura respostas mágicas para a vida (o que a faz ser vulnerável para o obscurantismo ou seitas estranhas).

Às vezes essa pessoa parece ter dificuldade de se firmar profissionalmente por se afetar muito com as pressões do ambiente corporativo. Como a sua capacidade de atenção se guia por emoções entusiasmantes, acaba entediando-se rápido, tendo muita iniciativa e dificuldade de concluir seus projetos. Seu senso de utilidade é quase sempre afetado por influências externas, pois se deixa levar pela opinião dos outros com facilidade.

Esse traço psicológico de descontrole é provavelmente o maior alvo de rejeição quando pensamos numa pessoa imatura; o descontrolado é alguém que ninguém leva muito a sério, por parecer instável e pouco confiável.

TRAÇO 4: Jogos de poder e controle

"Faço jogos para controlar os outros"

O maior medo de Talita era ficar sozinha, e sua forma de se relacionar era quase predatória. Por conta da boa aparência, sabia encantar os pretendentes, mas tinha dificuldade de sustentar a relação. Seus movimentos eram calculados para se antecipar nas interações, fosse para evitar ficar por baixo, fosse para obter algo que a outra pessoa não queria fazer.

Por dentro estava sempre se remoendo e brigando contra o desejo de dizer "eu te amo" no primeiro encontro (sempre achava que o novo pretendente era o amor da sua vida). Cada encontro e microrrelacionamento abria e fechava um ciclo de emoções dramáticas e apocalípticas que virava tema de queixas constantes.

Existem pessoas que não se dão conta de sua grande capacidade para movimentar as emoções das outras. Falam, agem e se expressam arrastando todos à sua volta na direção que premeditaram. São especialistas em jogos de controle e provocam nos outros reações que reforçam seu lugar de poder.

Características centrais: jogos de poder e controle, manipulação.

A marca dessa dinâmica é o controle da relação, tão usual que a pessoa não se percebe como agente de controle mesmo quando está forçando a vontade dos outros. Sabe quando você está pouco a pouco fazendo chantagens, jogos emocionais para deixar alguém inseguro, apreensivo ou com medo de perder sua atenção? É disso que se trata.

Os jogos de persuasão são amplamente usados pelo marketing para capturar as fragilidades emocionais das pessoas e transformá-las em consumidoras. O apelo à autoridade, à afinidade, ao compromisso, à escassez, à prova social e à reciprocidade cria um tipo de desconforto emocional que força alguém que está distraído a se sentir fascinado por um produto até ser convencido a comprá-lo.

Em alguma medida, os jogos emocionais usam o mesmo artifício de cercar os outros para que olhem na direção desejada. As ferramentas são variadas: algumas pessoas usam o terror para provocar medo e submissão, outras são excessivamente gentis e doadoras para gerar culpa e conformidade, e existem ainda as que incitam fragilidade para evocar dó e comprometimento.

Eric Berne, psiquiatra e criador da análise transacional, descreveu esses tipos de jogos de poder em seu livro *Os jogos da vida*, mas a essência de todas as dinâmicas que trouxe à tona girava em torno de três papéis que se alternavam e provocavam uma ação complementar nas pessoas envolvidas.

A **vítima** é aquela que está tão identificada com o seu sofrimento que narra a própria vida como um mar de dor e desilusão, o que provoca nos outros o sentimento de cuidado e acolhimento ou a ira que despreza e reencena a agressão.

O **algoz** é quem se vê incitado a dobrar e castigar o outro, ou ainda a colocar ordem nas ações do outro, e acaba agindo de forma impiedosa e muitas vezes abusiva. Provoca nos outros um sentimento de injustiça e raiva por conta da ação desmedida e desproporcional de seu autoritarismo.

O **salvador** encarna a visão messiânica de quem se presta a ajudar todos, mas, por não ter a sabedoria de avaliar as reais necessidades dos outros, tende a infantilizá-los e provocar dependência.

Normalmente operamos num ciclo de revezamento dessas três posições, pois, quando tentamos ajudar alguém (salvador) e somos rejeitados (vítima), acabamos nos irritando e punindo a pessoa por rechaçar a nossa caridade (algoz).

Existe sempre uma busca de poder e submissão do outro, seja evocando piedade (vítima), revanche (algoz) ou dependência (salvador), e por isso o resultado é um jogo de controle em que as relações nunca são honestas do ponto de vista emocional. Esses papéis agem subterraneamente, sem a consciência do sujeito, apesar de a pessoa acreditar na própria intenção, e a relação não é libertadora exatamente pelo interesse secundário de controlar o outro.

Falta **envolvimento genuíno** na maneira de viver da pessoa controladora por conta do medo da imprevisibilidade da vida. A tática inconsciente que usa para rastrear cada passo é muito variada: pode ser mostrar-se interessada no bem-estar dos outros (só para investigar o que está se passando em sua mente) ou, a mais óbvia, perguntar descaradamente e ser dominante.

Se você perguntar para a pessoa que sofre com essa questão qual é a sua principal angústia, ela dirá que é a total falta de controle sobre o tempo, as pessoas, as engrenagens mundiais e tudo o que faça parte do universo, inclusive si mesma.

Ela age com **colonialismo emocional**, pois acredita que as outras pessoas pertencem a ela e não têm uma existência própria, a não ser como complementos emocionais. Filhos e parceiros amorosos são colônias emocionais bem comuns, vivendo para dar sentido ao propósito da pessoa controladora.

Esse *modus operandi* é muito comum em seitas e relacionamentos abusivos, em que se cria esse **exclusivismo**: à medida que ganha espaço na vida alheia, o controlador vai lentamente desapropriando a vontade do outro para garantir que as suas vontades sejam as únicas. E essas pessoas são muito habilidosas em fazer lavagem cerebral, pois cativam na hora do convencimento. Dão muito de si no começo, prometem proteção e cumplicidade, colocam-se como parceiras inseparáveis dos planos mais incríveis do mundo, mas fazem essa manobra somente para a fidelização. Essa ânsia por controle acontece tanto por parte de quem é a vítima como quem age como salvador, pois ambos desejam uma idolatria mútua.

Às vezes essa posição psicológica joga com a emoção dos outros, usando uma manipulação cheia de charme, simpatia e convencimento. Até sem contexto sexual a sedução velada faz parecer que a relação é mais íntima do que de fato é.

Essa habilidade de convencer e amolecer os outros acaba tornando a pessoa controladora muito carismática e desejável, seja como amiga, parceira ou colega de trabalho. Quem olha de fora pode perceber que há uma manobra para arrancar uma segunda intenção (reputação, sexo ou dinheiro), mas nem sempre o próprio manipulador se dá conta de que está autocentrado. Por isso esse desejo de poder sobre o outro se transforma, mesmo que involuntariamente, num tipo de **parasitismo emocional**.

O curioso é que essas dinâmicas são asfixiantes para quem é dominado e também para quem domina. Engana-se quem se dedica a fechar outra pessoa em sua rede e não percebe que também está trancado; é o carcereiro que nunca tem descanso e quase se funde à pessoa aprisionada.

TRAÇO 5: Rigidez

"Sou assim e não vou mudar"

Seu sobrenome era teimosia, e quase nunca dava o braço a torcer, fosse numa conversa banal ou num embate argumentativo. Não pedia desculpas nem dizia "por favor" e muito menos "obrigado". Norberto era a própria encarnação do chefe autoritário que nunca se retratava, mesmo quando estava errado.

Quando chegou à terapia, parecia tão desajeitado que nem soube por onde começar o relato; veio contrariado e por recomendação de seu oncologista, pois a quimioterapia a que deveria se submeter não estava sendo levada a sério. Alegava que sempre fora um homem saudável e que não seria um "tumorzinho" que o derrubaria.

Seu tratamento foi um bonito mergulho no centro de suas fragilidades, que possibilitou que ele se abrisse como nunca para todos os seus medos e ressentimentos. Acompanhei o seu tratamento até que o câncer o levou, certamente com menos trauma ou dureza.

Características centrais: fixação e rigidez.

A pessoa nesse espectro de imaturidade tem uma tendência a visões deterministas e fechadas. No fundo, seu maior medo é lidar com **a mutabilidade e a imprevisibilidade da vida**.

Ela acredita nas coisas de forma concreta, tal como vê, sem ao menos imaginar que a sua perspectiva não é a única, nem a mais sofisticada, mas apenas um punhado de **convicções** talhadas ao longo da vida. Raramente tem consciência de que sua personalidade e suas opiniões são construções muito pessoais que deixaram de fora uma imensidão de alternativas. Como tende a ser apaixonada por aquilo em que acredita, defende uma **visão de mundo que soa rígida** e quase inegociável para os demais, como se lutasse pela última palavra.

Não importa se é uma pessoa espiritualista ou materialista, se avançou sendo erudita ou de orelhada (ou *fake news*), sua visão é a única balizada. Costuma transitar apenas na bolha de pessoas que reforçam suas convicções, e por isso **perde o senso crítico sobre si mesma** e desenvolve uma **radicalidade** caricata.

Se pudéssemos tirar um raio-x de sua mente, veríamos sempre um fluxo de **pensamento obcecado** por certas ideias, repetindo-as ininterruptamente, como se mudasse de obsessão em obsessão de maneira monotemática. Quem ouve nota o discurso repetitivo de narrativas fixas e autoafirmativas, como se a pessoa estivesse a cada momento tentando se convencer da própria importância.

Quando está fechada em si mesma, passa a dividir o mundo com uma trincheira de guerra, onde só existem aliados e inimigos. Se alguém não concorda com todos os pontos de sua cartilha, está descartado da lista de interações. Essa força interna se converte num tipo de tendência **projetiva** implacável, que a faz ver sinais ocultos e más intenções secretas até em ações inofensivas.

Sua relação com os outros passa a ser carregada de **estereótipos e preconceitos**; as outras pessoas são definidas por uma ou duas características e jamais são vistas em camadas de complexidade.

Essa **rigidez** também é uma arma que a pessoa usa involuntariamente contra si mesma, pois sua régua para medir o mundo é muito tóxica e autoritária. É capaz de ser impiedosa consigo mesma na mesma intensidade em que condena os demais. Por ser justiceira, oscila entre caçar a culpa dos outros e flagelar a si mesma (mesmo que a ênfase costume estar nos detratados).

Sua vida emocional é talhada em pedra, por conta dos **scripts** que desenhou para si, e com isso é assaltada por **angústias** terríveis devido à falta de alternativas para seus impasses. Como ela é uma coisa unificada e sólida, não consegue abrir espaço para se movimentar internamente entre seus muitos papéis e subpersonalidades, dado que não está habituada a olhar para as próprias incertezas e ambiguidades.

Mesmo quando age por uma causa coletiva, no fundo se sente sozinha em suas posições, uma vez que tende a um **perfeccionismo** tão **idealizado** que nem mesmo as bandeiras que defende atendem milimetricamente aos seus anseios. Por ter uma visão difusa na arquitetura dos seus devaneios, até os aliados se tornam inimigos com o tempo por não compreenderem a sua "grande" jornada pessoal.

Seu mundo mental é regido por um grilo falante que torna tudo **sólido**, pesado, imutável e imaleável. A pessoa rígida não consegue perceber que há um mundo "lá fora" apartado de seus vieses e pontos cegos, e tampouco desconfia que a realidade que enxerga é carregada de seu olhar tendencioso. Internamente há sempre uma **voz impositiva**, definindo coisas, rotulando pessoas, acusando e transformando quase tudo num tormento pessoal. Sua queixa é que a vida é uma luta, e por isso precisa agir com "tudo ou nada".

O efeito colateral dessa busca exagerada pela soberania da narrativa é um estado de **apatia e prostração**, pois a pessoa se torna incansável (e cansada) na obsessão de evitar incertezas, meios-termos ou críticas saudáveis.

EXERCÍCIO PRELIMINAR SOBRE IMATURIDADE: AS CINCO PESSOAS SIGNIFICATIVAS

> Toda vez que precisamos dar um passo para além das nossas restrições, mexemos no vespeiro familiar, pois, com toda a boa intenção do mundo, a imaturidade é sustentada pelas pessoas que mais nos amam.
> Este exercício pode dar uma pista sobre as pessoas que inconscientemente trabalham, mesmo sem má intenção, para perpetuar certos comportamentos imaturos e disfuncionais na sua vida. O intuito não é criar um paredão de fuzilamento para depois culpar e se ressentir, mas entender que, naquela ideia distorcida de amor, as famílias podem perder-se em caminhos

bem problemáticos que criam um cenário propício para a falta de maturidade emocional.

Faça uma lista das cinco pessoas mais significativas para você. Tente pensar em como seria a sua vida se você fosse alguém mais maduro emocionalmente. Agora pense nos comportamentos concretos que teria em muitas áreas. Como se sairia profissionalmente, amorosamente, com os amigos, consigo mesmo e em situações de crise e conflito? Agora tente se imaginar diante dessas cinco pessoas escolhidas e pergunte-se: "Quem eu desapontaria se mudasse a minha maturidade?".

CAPÍTULO 7

Imaturidade na família

Nós somos aquilo que amamos.
Rubem Alves

Um dos grandes presentes que recebemos na vida é poder contar, desde o nascimento, com pessoas que de alguma forma nos envolvem em proteção, preocupação e cuidado amoroso. A questão é que cada família, à sua maneira, tem sua interpretação sobre o que é proteger, se preocupar e amar, e é nesse terreno tão cheio de particularidades que a maior parte das famílias se enrosca.

O tema preferido em terapia ainda é a boa e velha questão familiar que envolve duas correntes de queixa: a primeira é daqueles que sentem que foram amados de forma tão tensa e sufocante que não puderam desenvolver habilidades próprias e fluidez emocional para enfrentar os dilemas da vida adulta; a segunda é dos que se queixam da frieza e quase impessoalidade dos cuidados recebidos por um ou ambos os pais.

Em termos de maturidade emocional, os membros de uma família esbarram necessariamente em dois grandes desafios: a autonomia e o pertencimento. **Quando estimulam a independência, podem gerar desconexão e, ao tentar preservar o senso de proximidade, podem gerar simbiose e fusão patológica.**

Família fusionada

Lembro-me com muita clareza de uma família que atendi no consultório e que veio com um problema bastante doloroso: o uso de maconha pela filha mais velha. Os pais tinham cerca de 65 anos, e os três filhos, por volta de 30. A filha mais velha ainda morava em casa, o do meio tinha acabado de se casar, mas não saía da casa dos pais, e a caçula saíra de casa para morar na casa ao lado. Todos trabalhavam numa empresa familiar e tinham muitas responsabilidades profissionais, mas curiosamente nenhum agia efetivamente como adulto.

Todos eles tinham cargos de liderança na empresa, eram bem-sucedidos no que faziam e respeitados em seus postos, a não ser pela estranha maneira como conduziam as finanças, numa mistura esquisita entre negócios e dramas familiares. No fim das contas, o fato de uma das filhas usar maconha era o menor dos problemas que eles tinham. O verdadeiro desafio era que todos criassem um espaço de segurança em que pudessem fazer escolhas pessoais divergentes.

O primeiro passo foi notar que havia uma relação entre o uso da droga por parte da filha mais velha, a grande ansiedade que às vezes a paralisava e sua homossexualidade, um assunto tabu para a família. Era de conhecimento de todos a sua orientação sexual, mas suas relações afetivas aconteciam veladamente, gerando um tipo de silêncio problemático que a impedia de viver com plenitude sua sexualidade.

Um segundo elemento era que, por trás da onipresença do filho recém-casado na casa dos pais, havia uma depressão que parecia um protesto por ter se tornado um membro traidor do clã original ao trazer para a família uma mulher distante da expectativa de todos (com uma religião diferente daquela dos pais).

Outro obstáculo era a vida romântica da caçula, que parecia viver eternos conflitos amorosos de relações que oscilavam entre abusivas e distantes, o que repercutia num comportamento profissional descuidado e cheio de disputas gerenciais.

Os pais, que viviam uma satisfação aparente, estavam sempre se queixando dos filhos, como se eles ainda fossem bebês com poucos meses de vida. O casamento deles era baseado em ressentimento mútuo e uma vida conjugal inexistente, a não ser para dar bons exemplos de longevidade matrimonial aos filhos.

Esse tipo de construção não é incomum em muitas famílias ao redor do mundo. É muito delicada a tarefa de definir as fronteiras da individualidade sem que isso signifique ferir os laços familiares. Em famílias fusionadas, o amor é percebido como manutenção de uma convivência intensa, marcada por convergência forçada em pactos de infantilidade e submissão às regras do sistema. Qualquer pessoa que questione minimamente os valores familiares será percebida como traidora dos laços de afeto.

Se o amor é visto como submissão cega aos códigos de conduta familiar, é sempre muito arriscada qualquer tentativa de diferenciação pessoal. Se alguém ousa experimentar temperos diferentes e circular por outras esferas, pode correr o risco de perder o sentimento de pertencimento e "proteção" familiar. Em muitas casas, essa chantagem é feita pelo controle financeiro ou pelo acesso às conversas da cúpula familiar. Quem comunga das regras segue tendo acesso aos conchavos contra os inimigos imaginários; quem coloca dúvidas vai sendo deixado de lado e ameaçado de perder voto nas grandes decisões do clã.

Na prática, o que vemos são pessoas impotentes para tomar decisões desvencilhadas do grupo, que precisam sempre se reportar e pedir a benção para dar um passo. A falta de autonomia pessoal, intelectual, financeira e social acaba cercando todos que se recusam a olhar para fora dessa bolha de pequenas insanidades.

Os agregados que se arriscam a chegar perto dessas famílias e arranhar a "estabilidade" familiar percebem com estranhamento e um pouco de desespero como é perturbador conviver com pessoas que agem com desconfiança em relação a quem é de fora.

Todos os comportamentos imaturos, portanto, são abafados pela família fusionada para manter todos os segredos entre os seus. Quem olha de fora vê claramente a disfuncionalidade, mas, aos olhos da própria família, o comportamento intempestivo, mimado e arrogante é legitimado e aplaudido.

Família desconectada

Quando atendi um rapaz que vinha com queixas de ciúme doentio da namorada, achei que era uma situação bem contextualizada na esfera amorosa. No entanto, fui notando com o tempo que ele vinha de uma família desconectada. A mãe era uma pessoa muito descomprometida com a função materna, assim como o pai, e ambos basicamente seguiam suas vidas como se nada tivesse mudado. A mãe tinha uma irmã que fazia as vezes de cuidadora, mas ela também era uma mulher mais fria e com alguns problemas emocionais que a faziam oscilar no humor e no comportamento.

O rapaz cresceu com uma percepção de laços muito frágeis e se tornou semelhante aos seus pais (ranzinza e amargurado); todos os relacionamentos em que se engajava eram de natureza territorialista. Ele alternava entre fases de namorado comprometido e de "Don Juan", mas nos dois casos nunca se sentia efetivamente íntimo de alguém. Graças à sua desconfiança crônica no ser humano, nunca revelava quem era de verdade, mesmo quando estava na fase de namorado fiel.

As famílias desconectadas agem quase de modo oposto às fusionadas, pois existe um tipo de claustrofobia emocional em que os membros se sentem alheios aos seus próprios sentimentos mais íntimos, calorosos e vulneráveis. A marca principal desse tipo de grupo é certo alheamento social em que a proximidade é vista como excessiva e sinal de fraqueza.

As conversas são impessoais e as festas de família são como papos de elevador: fala-se de tudo, mas sem nenhum aprofundamento e calor humano. As reuniões parecem ter hora para começar e terminar, e ninguém avança muito na intimidade do outro.

E que tipo de "sequela" essa família deixa naqueles que nascem ali? Um sentimento estranho de não pertencimento e desencaixe na vida, que para uns pode tornar crônico um comportamento de cuidador compulsivo da humanidade (negligente com as suas próprias necessidades), e para outros pode causar a transformação em uma pessoa desencontrada que não se encaixa em nada e desconfia dos outros.

Normalmente os tipos que se vangloriam de serem racionais e incapazes de estabelecer boas relações afetivas vêm de lares desconectados onde o sentimento de pertencimento é pequeno.

EXERCÍCIO EMOCIONAL

Quando a relação com a família foi instável, é bem comum que passemos o resto da vida tentando reparar o que ficou no meio do caminho, e é aí que se manifesta a imaturidade nos relacionamentos.

As famílias fusionadas aprisionam o exercício de autonomia emocional por terem sufocado nossos sentimentos, e as famílias desconectadas nos impedem de relaxar e nos entregar nas relações por terem negligenciado carinho. Somente quando podemos partir, mesmo sem satisfazer todas as pendências emocionais, é que conseguimos voltar e olhar sem peso para o que passou.

Então, agora, feche os olhos e imagine que está olhando para os seus pais, sinta o que eles transmitem a você (não é uma verdade científica, mas uma impressão interna). Por onde eles o prendem? Qual é o peso que existe nessa relação? Que condições eles impõem para que você siga em frente? No que você se prende?

Agora veja-se lentamente dando um ou dois passos para trás; deixe as emoções falarem com você, ouça os apelos que fazem. Vá recuando até um ponto em que a imagem dos pais fique menos nítida e se despeça, agradeça (mesmo que seja difícil) e vire para a outra direção. Olhe para as novas possibilidades e sorria por dentro.

CAPÍTULO 8

Imaturidade nos relacionamentos amorosos

Podem cortar todas as flores, mas não podem deter a primavera.
Pablo Neruda

Os relacionamentos amorosos viraram o grande fetiche da pós-modernidade. É como se tivessem virado um refúgio no qual a pessoa estará protegida do sentimento de caos num mundo imprevisível e complexo. Além disso, tornaram-se parâmetros de sucesso pessoal, pois quem encontrou um par se sente vitorioso (ainda que a vida real seja desastrosa) e quem permanece solteiro é visto com certa desconfiança.

Apesar desse romantismo repaginado em relações dinâmicas, igualitárias e potencializadoras da felicidade, precisamos entender que os relacionamentos amorosos não são algo natural que simplesmente sabemos fazer. Nós aprendemos ao longo da vida, observando e vivendo as nossas próprias experiências familiares. O protótipo dos relacionamentos que temos na vida adulta começou na infância, com os nossos cuidadores.

Divertidos ou tensos, protetores ou negligentes, calorosos ou distantes, os modelos que recebemos vêm adulterados pelos padrões saudáveis ou problemáticos de nossos pais. Aí surge o problema, pois há uma distância entre aquilo que idealizamos ser uma relação positiva e o que fomos habilitados emocionalmente a viver.

Se convivemos com pais instáveis – rígidos, impulsivos, descontrolados emocionalmente e que mexiam com a nossa cabeça dependendo do humor no momento –, há a probabilidade de que padrões destrutivos de relacionamento estejam instalados em nós mais profundamente do que gostaríamos.

Rita era uma jovem cheia de vitalidade e com um senso prático muito alto no campo profissional, o que lhe rendia bons resultados financeiros. No campo amoroso, porém, sempre se sentia fragmentada, temerosa e frágil. A cada relacionamento em que se envolvia, se sentia numa batalha para manter a estabilidade que tinha no trabalho.

Quando um pequeno fragmento de imprevisibilidade surgia, ela ficava alerta, enciumada, quase enlouquecida com o sentimento de ser enganada. A terapia foi revelando um padrão abusivo na sua forma de amar e como aquela dinâmica se originara muitos anos antes na sua casa. O pai era um homem que se entretinha com álcool, agindo de maneira descontrolada dentro de casa. Ele era acometido por um ciúme irracional, tendo em vista que a mãe de Rita era uma mulher emocionalmente frágil e totalmente submissa ao marido. O modo como ele a controlava era tão "eficiente" que ela era rastreada o tempo todo.

Nesse cenário hostil, Rita se atirava em defesa da mãe, recebendo em troca gritaria e violência psicológica.

Não é incomum **os fantasmas do passado familiar virem à tona** quando enxergamos alguém como o nosso centro de referência afetiva. Agimos como leões com os seus filhotes recém-nascidos: qualquer coisa que ameace essa estabilidade é vista como um adversário.

O egocentrismo pode girar só em torno da própria pessoa, mas pode incluir a pessoa amada, que se torna um apêndice do seu egoísmo, e não uma pessoa com necessidades próprias. Na prática, isso vira um **sentimento de posse**.

Mas essa é **a primeira fase** apaixonada, em que o amor da minha vida e eu viramos um time imbatível contra o mundo. Como precisamos romper a primeira película de solidão, incluímos a pessoa amada no nosso centro de interesses até que ela se abra, como uma mesma pessoa vivendo em dois corpos.

Num **segundo momento**, é muito comum que o egocentrismo volte para o centro da relação: dessa vez não é mais o casal contra o mundo "malvado", mas a pessoa amada que passa a ser vista como uma ameaça para o casal. Todo comportamento que antes era engolido como parte do "jeito de ser" da pessoa passa a ser interpretado como um boicote ao amor – daí ser comum ouvir frases como "Você está destruindo tudo o que construímos". Na defesa do casal, a pessoa amada torna-se uma inimiga que deve ser destruída. Nessa hora são misturados todos os ingredientes do desastre amoroso, pois, ao tentar destruir o vírus que ameaça o casal, também se destrói a pessoa amada.

Por isso muitos acabam em algum momento culpando o parceiro pela sua infelicidade: primeiro porque não assumiram para si a construção da própria felicidade; depois porque acharam que o outro conseguiria aplacar um vazio que nenhuma relação poderia curar.

O centro de toda imaturidade amorosa gira em torno de evitar **o abandono e a rejeição, traduzindo-se numa convivência carregada de brigas e jogos para aplacar uma carência que nunca se satisfaz mesmo com toda manifestação de amor do mundo**.

Como seria a sua vida amorosa se você não tentasse controlar o sentimento de pertencimento e aconchego que a outra pessoa dá? Se você conseguisse sustentar o paradoxo de ser Eu, o Outro e o Nós sem competição, todas as partes se beneficiariam.

Na prática, queremos que o parceiro esteja sempre reafirmando a nossa importância e garantindo que nunca seremos substituídos. Recorde a última briga amorosa que teve e vai perceber que no fundo havia uma disputa de poder que se baseava no medo de abandono e na fantasia de que você não era plenamente aceito. Se pudesse ver o filme de sua vida amorosa, você daria muitas risadas (desconfortáveis) ao notar as pequenas **estratégias e jogos** de controle que utilizou para seguir obtendo afeto e atenção da pessoa amada.

Pense numa criança de 5 anos exibindo-se para os pais (quando estão distraídos e entediados); veja como ela faz pequenos malabarismos corporais, fala sem parar, ri e chora, deita-se no chão clamando por um mísero olhar ou até apela para chantagem e outras estratégias perturbadoras. Isso parece pouco efetivo para obter amor e atenção de qualidade, certo? Mas é assim que agimos na vida adulta para receber afetos positivos.

E, quanto mais inseguros nos sentimos, **mais duros e inflexíveis** nos tornamos. Todas as nossas piores facetas ficam mais e mais presentes para firmar o nosso ponto de que não somos suficientemente amados. Como isso chega à pessoa amada? Da pior forma possível, pois ela também tem a sua imaturidade e seus próprios mecanismos de controle. Em fases críticas, uma imaturidade ativa a outra. Enquanto uma cobra, a outra se afasta, e é nesse revezamento infinito de morde e assopra que vamos destruindo as chances de estabelecer uma vida conjugal minimamente satisfatória.

Se você tem o direito de ser uma pessoa multifacetada, com existência individual (assim como o outro), mas com aspirações românticas de crescimento mútuo, qual é o sentido de viver uma rotina amorosa de pressão, intolerância e disputa por poder? Por que não podemos deslocar a base da relação da carência para a parceria?

Na carência você está sempre explorando a perda potencial e a constante ameaça de insuficiência afetiva, pois o centro de suas necessidades parece ser o amor, embora na verdade você esteja lutando para que os seus buracos emocionais sejam tapados. O primeiro engano é terceirizar o seu bem-estar, e o segundo é perder a noção de que o outro tem o mesmo desejo de felicidade.

Quando transformamos a carência egocêntrica na parceria amorosa, a outra pessoa deixa de ser um objeto para a nossa felicidade e passa a ser um caminho para o crescimento mútuo. Nessa perspectiva, deixamos de cobrar o parceiro para que nos dê suporte, paramos de exigir que contribua, e o medo vai cedendo lugar (a médio e longo prazo) ao amor. Nessa dimensão afetiva é possível visualizar uma convivência que não se baseia em abandono, mas em compaixão genuína, pois os indivíduos envolvidos viram um projeto de florescimento humano, e não uma ferramenta de autoafirmação.

Para não parecer que estou delirando, imagine uma cena em que a pessoa amada faz algo que machuca você. Em vez de ser reativo, você consegue perceber o gatilho emocional acionado, a rejeição. Toda a espiral de pensamentos catastróficos vem à tona e você só quer dizer (numa versão mal-educada) "Não faça isso com o nosso amor, eu não quero mais te ver agindo assim e destruindo a admiração que tenho por você". Então você respira, espera alguns segundos (que no começo do seu treinamento de maturidade emocional eram dias ou horas) antes de reagir e consegue perceber que, por trás daquele comportamento tosco, tem uma dor gritando.

Não é fácil adotar uma perspectiva em que a linguagem da relação é **a cumplicidade em torno da vulnerabilidade do casal**, afinal fomos condicionados a vida inteira a criticar e humilhar qualquer percepção de fraqueza. Quando estamos com raiva, isso fica ainda mais difícil, em especial quando nos sentimos agredidos e queremos sapatear sobre a dignidade da outra pessoa. Mas onde isso vai dar? Ressentimento, desprezo, perda de admiração e um combo de emoções difíceis que pode nos levar a um padrão destrutivo de relacionamento.

Para cuidar da vulnerabilidade da outra pessoa, você precisa estar em paz com a sua. Quando um relacionamento amoroso está em crise, é difícil, mas não impossível, exercitar uma dinâmica de comunicação desarmada e disponível.

Numa fase muito desafiadora do meu casamento, eu estava tão cansado de me sentir impotente para lidar com os efeitos problemáticos da vida profissional da minha esposa que me abri com ela como se estivesse numa sessão de terapia. Com certeza os anos de terapia a que me submeti me ajudaram nisso, mas foi muito doloroso falar com todas as letras os medos que eu tinha quanto ao destino da nossa relação. Compartilhei o meu medo por nós, o receio de que ela se tornasse uma pessoa cada vez mais fechada em suas preocupações e de que com isso eu não tivesse mais fôlego para amar. Nós choramos juntos, e ela, que antes estava mais retraída e endurecida, pôde dividir comigo as angústias que a deixavam cega e me pediu ajuda para voltar a ser a pessoa leve, amorosa e sensível que eu conhecera no passado (e pela qual tinha me apaixonado).

O caminho que podemos percorrer com o sentimento de vulnerabilidade é mais dificultoso do que ceder ao medo do abandono. É mais fácil ter autopiedade e cobrar para si todo o amor que você acredita merecer, mas, com o passar do tempo, é surpreendente ver o resultado de uma relação entre duas pessoas que se reconhecem falíveis, contraditórias e imaturas.

A maturidade amorosa não é uma patente grudada no peito do casal – afinal, vamos escorregar com alguma frequência –, mas, se a base de cuidado for para fortalecer o que é frágil no outro, então a relação ganha um novo frescor.

CAPÍTULO 9

Imaturidade no trabalho

Ser livre não é apenas quebrar as próprias correntes, mas viver de uma maneira que respeite e aumente a liberdade dos outros.
Nelson Mandela

O ambiente profissional é o espaço onde a maioria das pessoas consegue colocar uma grande máscara de segurança e maturidade emocional. As regras do jogo já estão bem definidas, as metas da empresa transcendem os nossos gostos pessoais e somos colocados numa estrutura em que sabemos ser substituíveis (seja no cargo, seja em preferência e senso de importância).

Como estamos emocionalmente protegidos no nosso "papel profissional", é como se o crachá criasse uma segunda pele na qual conseguimos conter a nossa pior versão e manifestar uma dose maior de civilidade.

Isso seria 100% verdade se não fosse pelo fato de que mesmo um trabalho super-remoto no meio do Alasca implica pessoas trabalhando juntas e tendo que gerenciar problemas, frustrações e divergências na forma de resolver os impasses.

Quando uma pessoa muito imatura é colocada num ambiente profissional de baixa complexidade e relevância, ela pode passar despercebida e cumprir bem suas funções, afinal só precisa mover um objeto do ponto A ao ponto B. O cenário começa a ficar mais desafiador quando ela precisa lidar com situações menos óbvias e que dependam de uma capacidade de autonomia, sabedoria pessoal e bom gerenciamento das emoções.

O mundo profissional é carregado de dilemas morais e logísticos em que uma decisão ruim pode ter um impacto considerável, financeiro ou humano. A lógica capitalista não é muito amistosa com falhas pessoais, e é nesse ambiente menos amigável com as nossas incompetências que precisaremos navegar durante boa parte do dia, pela vida toda.

Com isso, você pode deduzir que a imaturidade emocional só estaria presente em postos de trabalho muito básicos e quase manuais, em que alguém apenas recebe ordens e as executa, mas não, pois um mundo que privilegia a competição e o resultado financeiro pode ser bem receptivo para pessoas emocionalmente tóxicas.

Em termos hierárquicos, quanto mais uma pessoa subir no organograma, mais estará exposta a desafios éticos que podem ser insuportáveis para muitos. Se o objetivo de uma empresa é obter a maior quantidade de lucro com o menor uso de recursos, não é de admirar que uma pessoa de alta patente tenha precisado passar por uma metamorfose psicológica à medida que sua carreira avançava para cargos mais elevados.

Para se adequar a um sistema mais predatório, essa pessoa precisou sufocar sua sensibilidade ou qualquer compaixão. A lógica capitalista não é muito compreensiva com uma peça da engrenagem que não esteja funcionando bem. Se é uma peça cara, costuma receber treinamento para se manter ativa e ser reabsorvida, mas, se é barata, pode ser substituída com mais facilidade. Empatia e generosidade são malvistas na hora de considerar a demissão de colaboradores.

Com isso em mente, algumas pessoas de personalidade rígida que gostam de controle e operam numa lógica egocêntrica e emocionalmente fria navegam bem num ambiente hostil e impessoal em que **o jogo de forças privilegia os mais competitivos** (às vezes antiéticos), e não necessariamente os mais competentes.

Seu chefe e o chefe dele podem até ser bem-sucedidos no que fazem, mas esse não é um selo de maturidade emocional (longe disso, até), e sim de que eles desenvolveram habilidades úteis numa estrutura empresarial específica. Sabedoria, humanidade e maturidade são peças tão raras que, quando se encontra um profissional com essas características, ele costuma ser a tábua de salvação de uma empresa.

Uma pessoa imatura no poder é reconhecida de longe, pois é notório que no seu percurso houve uma sequência impressionante de vitórias desleais que para ela foram apenas "ossos do ofício". Quando tem ambição, uma pessoa madura consegue colocar isso numa balança mais equilibrada com qualidade de vida, cuidado humano e felicidade genuína. A imaturidade emocional põe a ambição em outro ritmo; qualquer oportunidade, mesmo aquela que prejudique os outros, pode ser uma manobra para atingir um resultado: **os fins justificam os meios** a tal ponto que até os fins são perdidos de vista e só ficam os meios inescrupulosos.

A resiliência também não é o ponto forte da pessoa imatura, pois a sua forma de lidar com pressões e engajamento de longo prazo é bem frágil. Normalmente ela começa a culpar os outros, o sistema, os colegas, o mercado, o mundo e raramente se coloca na equação e assume responsabilidade ou se empenha na solução.

Projetos de longa duração também são desafios insuportáveis, pois o imaturo é movido por fogos de artifício emocionais: enquanto tem barulho, brilho, confete e pequenos sucessos, possui vigor, mas, quando os impasses e problemas surgem, as coisas vão "perdendo o sentido" e ele vê o seu propósito (distorção corporativa *modernosa* para motivação hedonista) se deslocar para um "novo, incrível e revolucionário projeto".

A maturidade é lucrativa?

Com tudo isso, parece que a vida profissional age como um triturador de maturidade, mas na prática não é bem assim. Pessoas maduras podem ser muito bem-sucedidas no trabalho, pois as suas habilidades também são valorizadas em qualquer negócio financeiramente viável. A diferença é que **a pessoa madura não se submete ao script profissional**, mas cria uma nova maneira de operar no seu meio e de subverter a lógica do lucro pelo lucro.

O grande segredo para uma pessoa madura navegar nesse jogo mesquinho sem se degenerar é a sua capacidade de **gerenciar o sentimento de impotência pessoal**. É totalmente diferente a forma de agir de uma pessoa que não está presa numa identidade que só se alimenta de vitórias e foge da derrota. Seu modo de administrar as pressões não é carregado com a ameaça da incompetência, e ela consegue ver os processos com mais clareza e mover os recursos humanos à sua volta de tal forma que coloca muitas cabeças para gerenciar os impasses. Essa pessoa é capaz de alternar de um gerenciamento de crise mais centralizador para um mais colaborativo com muita facilidade. Com isso, sabe se é o momento de nadar mais rápido sozinha ou mais longe com outras pessoas.

Alguém que fique à vontade com o fato de entrar e sair dos holofotes e deixar o time todo brilhar vai conseguir mais cooperação e prestígio do que alguém que ganha todos os prêmios, mas não leva consigo a admiração dos colegas de trabalho. Pode parecer estranho, mas as pessoas se incomodam menos quando veem um colega admirável crescer profissionalmente. É claro que, se elas estiverem na disputa por um cargo e perderem, ficarão momentaneamente tristes, mas não ressentidas, uma vez que, independentemente de quem ganhe, ficará claro que ambos estavam em pé de igualdade e não houve trapaça.

Agora imagine se numa reunião desgastante você pudesse ler com alguma facilidade as motivações das pessoas em jogo e, com isso, conseguisse articular com mais destreza um resultado mais benéfico para o negócio, que não aniquilasse as pessoas implicadas. Esse não seria um superpoder incrível? Quando operam com uma lógica egocentrada, as pessoas raramente têm *insights* revolucionários. Com certeza elas apagam alguns incêndios e resolvem problemas pontuais, até percebem uma ou outra motivação mais óbvia, porém perdem a visão do todo.

A maturidade emocional abre possibilidades mais sofisticadas na leitura de um cenário com variáveis complexas. Enquanto uma pessoa que está emocionalmente cega nos jogos de interesses consegue ganhar uma partida, a pessoa que abarca produtos, pessoas e processos numa teia sutil consegue ganhar o campeonato. Não é mágica, pois a diferença é que esta última leva em consideração sinais invisíveis para a maioria daqueles que estão alheios às próprias emoções.

Se numa empresa bem-sucedida o produto é bom, os processos são bem definidos, mas os recursos humanos são mal geridos, a catástrofe é certa. O recurso humano mais precioso (e caro) ignorado pela maior parte dos ambientes corporativos é o gerenciamento emocional. É claro que grandes empresas investem fortunas em treinamento de habilidades psicológicas, mas os workshops (cheios de clichês motivacionais baratos) seguem insistindo num entendimento pobre do comportamento humano.

Muitos treinamentos surgiram nas décadas de 1960 e 1970 nos Estados Unidos, baseados numa perspectiva comportamentalista das emoções do tipo "analise, trace metas e execute". Certamente isso tem efeitos de curto prazo, porque somos domesticáveis para nos adaptar ao que a empresa quer, mas não são consistentes a longo prazo, pois, apesar de podermos ser recondicionados superficialmente por treinamentos corporativos, nem sempre somos convencidos nas nossas motivações mais profundas.

Naqueles longos e insuportáveis treinamentos motivacionais feitos em hotéis pomposos, a premissa utilizada é a de que, quando um colaborador está motivado, tem uma performance melhor. Entretanto, sem uma visão profunda sobre as emoções e sobre nossas múltiplas facetas, esses workshops só ajudam a bater a meta do próximo mês (e a entreter as pessoas com testes de personalidade fofinhos).

Uma pessoa madura terá um olhar mais denso para as relações profissionais, pois vai considerar os seus pares, superiores e subordinados com uma perspectiva humana genuína e que transcenda o objetivo individual da empresa. A própria perspectiva da empresa será ampliada para além de sua missão corporativa: o mundo será o seu horizonte, e os impactos estarão além do seu próprio tempo. Isso pode parecer uma utopia de "nova era" que, se malconduzida, cria um tipo de profissional meio esquizofrênico que acha que está salvando o mundo numa empresa predatória. A maturidade faz com que a pessoa esteja infiltrada no ambiente profissional, mas seja capaz de se descolar desse papel. Isso a leva a agir como alguém que gerencia, mas não manda nos subordinados; que obedece, mas não se desfigura; que colabora com seus pares, mas não compactua com qualquer ação. A pessoa madura é capaz de transformar seu meio numa revolução silenciosa, sem ser panfletária, entendendo as regras do jogo e subvertendo-as sem que os grandes *players* a vejam como uma ameaça, mas como um prodígio.

Quando uma pessoa olha para o ambiente profissional enxergando além dele, é capaz de transitar por cargos e postos diferentes, ser contratada ou demitida, sem que sinta que o seu valor pessoal foi machucado, até porque o valor que entrega ultrapassa seus próprios interesses pessoais – os inclui (não é um ascetismo), mas supera a lógica maniqueísta do Eu *versus* O Outro.

CAPÍTULO 10

Os imaturos podem fazer o mal?

> *Os homens sempre serão maus se por*
> *uma necessidade não forem tornados bons.*
> **Nicolau Maquiavel**

Qual é o impacto da imaturidade em termos de ética? A pessoa imatura pode ser tão destrutiva em termos psicológicos que venha a agir de modo perverso, cruel e moralmente transgressor? Imaturidade e maldade são conceitos diretamente conectados? Toda pessoa chamada de "malvada" seria imatura ou seria malvada por ser imatura? Então a imaturidade levaria necessariamente a atos maldosos? Haveria tratamento psicológico para isso?

Vamos refletir, mais do que seguir na imprudência de bater qualquer martelo, afinal essa é uma questão que tem muitos desdobramentos. Não podemos chegar a conclusões precipitadas, especialmente em relação às decorrências para campo jurídico.

Antes de responder a essas perguntas, vou utilizar o caso clínico de um paciente chamado Miguel para ilustrar esses pontos. Foi muito desafiador cuidar dele por quase três anos, e digo isso porque pessoas com esse perfil costumam ter baixa aderência terapêutica, dado que normalmente aparecem com uma demanda urgente, com um interesse bem específico, apesar de serem cheias de imprecisões práticas. É como se a pessoa quisesse resolver a vida sem mexer uma vírgula no próprio comportamento, e toda vez que a reflexão vira para esse aspecto, ela rebate com muitas críticas sobre o mundo, as pessoas e como é difícil viver em sociedade.

Ele veio com uma queixa de problema conjugal e estava simultaneamente na berlinda afetiva e financeira, questões que o estavam deixando louco, em suas próprias palavras. Apesar de relativamente jovem, ele era bem-sucedido no que fazia e conseguira prosperidade financeira; com isso, achou que seria uma boa ideia trabalhar com a esposa e abriu uma clínica de estética com ela.

Durante muitos anos ele adotou um estilo de vida afetivo-sexual de solteiro convicto, quase incapaz de estabelecer vínculos mais sólidos. Trabalhou com vendas on-line e fez uma pequena fortuna colocando toda uma engrenagem para funcionar sem grandes interferências suas.

Essa vida aparentemente tranquila era uma arma na mão de Miguel, pois o tempo livre que ele tinha se transformava em uma peça de autoflagelo emocional, porque via seus amigos tendo uma vida "normal" enquanto ele, que teria a vida dos sonhos, ficava deslocado nas conversas de "sofrência da vida profissional comum". Ele passava boa parte do tempo em redes sociais, jogando videogame ou armando encontros "amorosos" sem muito resultado.

Apesar da riqueza que acumulava, não se sentia feliz ou satisfeito, e até se descrevia como alguém meio cabeça vazia e sem rumo na vida, pois ganhava dinheiro com algo que não o tocava nem lhe dava ânimo. Segundo ele, seu cotidiano oscilava entre tédio, euforia sexual e uma tentativa de preencher os dias com divertimento barato ou uso de drogas.

Quando questionado sobre a sua percepção dos próprios comportamentos, Miguel atribuía muito a uma infância meio desorganizada: teve um pai emocionalmente ausente e frio e uma mãe superprotetora que deixara nele um coração bom, mas incapaz de enfrentar os problemas mais sérios.

Até admitia que não havia tomado para si a responsabilidade da vida e que surfara numa onda favorável da internet, tivera sorte e não se orgulhava do que tinha conquistado. Como gerenciava à distância os seus funcionários, acabava enfrentando problemas de performance com os quais não conseguia lidar. Tinha dificuldade de encarar pessoas e "tretas reais" do dia a dia, por isso fugia, delegava, se ausentava, deixava a questão chegar a um ponto insuportável para depois ficar esbravejando pela incompetência do funcionário e embarcar numa pequena teoria da conspiração. Segundo ele, as pessoas se aproveitavam de sua bondade, cresciam e depois o abandonavam, como sempre acontecera em sua vida.

Para as pessoas significativas que o cercavam, seu comportamento não era dos mais admiráveis, visto que em vários momentos ele prometia uma coisa e não fazia, ou, se cumpria, criava imbróglios. Quando isso envolvia ajudar a resolver problemas, ele acrescentava uma camada extra de complicação, em razão de ele próprio virar parte do problema.

Certa vez, Miguel assumiu o compromisso de ajudar a irmã mais nova a cuidar do filho de 6 anos num dia de logística complicada para ela. O menino adorava o tio que o deixava fazer tudo, mas isso foi um pouco longe quando eles começaram uma brincadeira que envolvia fogo e ambos foram parar no hospital com queimaduras de primeiro e segundo grau. Entre uma brincadeira e outra, Miguel cochilou (havia misturado remédio com bebida) e o sobrinho fez uma pirotecnia arriscada que só não virou um incêndio grave porque o vizinho interveio ao sentir um cheiro estranho vindo do apartamento ao lado. "Ninguém morreu, isso foi o mais importante", falava Miguel para si mesmo, tentando tranquilizar sua consciência pesada e subestimando suas ações.

O que o trouxe para a terapia foi o ultimato profissional e amoroso de sua companheira, que, segundo ele, teve muita sorte na vida, pois "subiu de cargo, de peguete a esposa". Miguel foi flagrado pelas câmeras da clínica de estética fazendo sexo com uma das funcionárias, que era o braço direito da esposa.

Ao ler esse relato até aqui, você pode estar com uma impressão bem duvidosa sobre a moralidade de Miguel, e até com uma leve repugnância de suas atitudes, mas pessoalmente era quase impossível detestá-lo. Sua personalidade era muito contagiante, doce, engraçada e superficialmente preocupada com os outros. Era um tanto difícil pegar ranço dele, que sabia subterraneamente usar essa "arma" a seu favor quando precisava se desculpar. Quando machucava os outros, ele os cobria de zelo e, num misto de bom-mocismo e autopiedade, acabava torcendo o julgamento do promotor mais convicto.

Todos detestavam amar Miguel, porque o arrependimento pós-desastre que ele provocava era seguido de um novo ciclo de prejuízo embalado num pacote caro e cheio de afeto. As pessoas que o cercavam acabavam também detestando a si mesmas por ceder aos seus encantos e se sentiam literalmente se vendendo aos brinquedos caros que ele usava para apaziguar os ânimos.

Olhando de fora parece fácil dizer: "Ah, mas é só ignorar o cara e cortar relações". Na prática, a história é outra, principalmente quando as pessoas em questão conseguiam ver que havia bondade no meio de tanta confusão emocional. Esse era o ponto da esposa, da irmã, da mãe e dos poucos amigos que ainda toleravam os furos intermináveis de Miguel.

Quanto mais ele se sentia mal consigo mesmo, mais se comportava de maneira autodestrutiva e arrastava consigo todos os que estavam à sua volta.

A pessoa imatura pode ser tão destrutiva em termos psicológicos que venha a agir de modo perverso, cruel e moralmente transgressor?

Sim, mas é preciso olhar com calma e separar as motivações dos seus efeitos imediatos. Sigamos com o caso de Miguel (mais comum do que se possa imaginar, mesmo em diferentes graus de complexidade), que é bem ilustrativo em matéria de causa e consequência.

Uma ação prejudicial deve ser analisada por seus efeitos ou suas motivações? Quando olhamos para Miguel, o julgamos pelos efeitos de seu comportamento, mas, se fosse o nosso comportamento, pediríamos aos outros a piedade de olhar as nossas motivações bem-intencionadas. Na mesma situação crítica, o outro sempre é malandro, e nós somos apenas desinformados.

Miguel foi um cara malvado por dormir sob efeito de bebida e remédios enquanto brincava com fogo com seu sobrinho? Certamente essa não foi a motivação dele quando acordou pela manhã, mas foi num padrão de comportamentos egocêntricos, reativos, descontrolados, manipuladores e rígidos que o resultado desastroso aconteceu. A motivação do imaturo raramente é maléfica, no sentido clássico dos vilões de filme, mas é obscurecida por uma dose grande de hábitos emocionais limitados por sua visão parcial e desconectada dos outros.

Para a pessoa imatura, os outros são peças de um jogo de interesses que visa aplacar a sua dor e potencializar o seu prazer.

A avaliação de Miguel daquele evento explosivo foi que, ao ser tomado pelo tédio nos cuidados com o sobrinho e vendo que eles se encaminhavam para dormir, tomou um remédio que usa para "emplacar num soninho bom", mas de repente lhe ocorreu de brincar com fogo para deixar uma memória final gloriosa que selasse aquele dia incrível. Ele não mediu o efeito do combo remédio + fogo + uma criança de 6 anos + longe dos pais + tio divertido.

Este é o problema de avaliar uma situação que não fere diretamente a lei: o imaturo nem sempre cruza a linha da ilegalidade, mas está sempre fazendo piquenique à beira do abismo, como diz meu amigo Hércules. E, de abismo em abismo, uma hora os participantes acabam deixando seus pertences cair ou até escorregando fatalmente.

Miguel tinha muitas histórias moralmente ambivalentes no currículo, bastava ver o seu histórico como motorista: os acidentes e infrações não eram incomuns. Houve até um episódio fatal para uma mulher que atravessou o seu caminho num dia em que ele estava eufórico por ter atingido uma meta financeira. Segundo ele, saíra para se divertir e fora "pego de surpresa por uma pedestre imprudente que atravessou fora da faixa". O ponto é que, mesmo sendo preso, seus advogados conseguiram fazer malabarismos jurídicos e ele respondeu ao julgamento com trabalho comunitário.

Em termos de efeito, a imaturidade pode ser tão predatória quanto o comportamento de alguém a quem falta escrúpulo ou empatia, mas **as motivações não são obviamente perversas**, uma vez que a maior parte dos comportamentos prejudiciais acontece quando a pessoa age impulsionada por alegria, entusiasmo, e acaba ignorando as consequências de seus atos. Ela não olha onde pisa, diferentemente do transgressor, que pisa onde olha.

A questão segue: quanto o ponto cego emocional de uma pessoa a implica em seus atos prejudiciais, mesmo sem a intenção de cometê-los? Ela seria vítima de sua própria incapacidade emocional, da qual não tem controle ou arbítrio pleno? Seu descontrole emocional habitual seria o equivalente a viver dirigindo embriagado e se colocando em risco de colisão?

Qual é o impacto da imaturidade em termos de ética?

As categorias que inventamos para avaliar se uma pessoa é ou não ética parecem não contemplar plenamente o imaturo, pois costumam tomar como base as práticas e os hábitos convencionais de acordo com o que uma pessoa faz voluntariamente (com intencionalidade embutida). Assim sendo, o imaturo costuma agir de forma antiética de modo passivo; é como efeito colateral do que ele deixa de fazer-ver-considerar que as suas ações adquirem gravidade.

De modo geral, a pessoa imatura cria condições favoráveis para um pequeno-grande desastre nas relações pessoais. Miguel costuma abrir espaço para que os dramas aconteçam, pois o seu comportamento negligente nasce de uma onipotência quase juvenil que afirma que "nada vai acontecer com ele" ou do pensamento mágico que diz que "não pega nada fazer isso". Quando finge que as regras não existem, alegando que são chatas ou que limitam sua liberdade, ele se mune de artimanhas mentais que o previnem de uma responsabilização futura.

Aliás, esse artifício de se manter sempre na superfície das reflexões costuma ser um *modus operandi* comum para não se aprofundar em questões éticas. A maneira como sua mente articula os raciocínios é engenhosa, sempre colocando a culpa nos outros, nas circunstâncias, na má sorte ou até na maldade de quem o julga de forma implacável. Como se vê vítima de circunstâncias terríveis, mesmo as que realmente ocorreram, ele distorce o próprio raciocínio para encontrar inimigos do lado de fora.

A vida escolar de Miguel não foi brilhante; seu gosto pelo conhecimento era para passar de ano, e sua maior habilidade era, segundo ele, "*trollar* os colegas de sala, os bobinhos, de preferência".

Suas habilidades intelectuais, quando olhadas em retrospectiva, foram grandemente prejudicadas por um contexto familiar conturbado com brigas intermináveis entre o pai e a mãe. Sua mente era uma bomba-relógio que oscilava entre medo, tristeza, rejeição e raiva, e sua obsessão era pensar em como fugir daquele barril de pólvora. Quando chegava à escola, via naquele ambiente um espaço de alívio cômico, onde era o centro das atenções, mesmo que de forma negativa.

Sua capacidade de concentração era fortemente prejudicada pelas emoções difíceis que ficavam ricocheteando em sua mente. Onde ele se agarraria para se sentir minimamente bem? Aplicando-se numa equação de segundo grau (para a qual já se via como um caso perdido) ou na bagunça com outros colegas?

O subaproveitamento cognitivo de algumas pessoas imaturas costuma ser fruto de um ciclo complexo de variáveis emocionais, familiares e sociais que, somadas, desestimulam uma mente que segue à deriva. Esse afastamento do conhecimento, da abstração racional, do questionamento crítico-filosófico, da tolerância à contradição e diversidade cria ingredientes propícios para uma vida irrefletida. Nesse território vulnerável, os comportamentos impulsivos e hedonistas encontram o adubo perfeito para crescer.

Quando começou sua vida profissional como vendedor numa loja de eletrônicos, Miguel percebeu muito cedo que teria dificuldade de trabalhar em grupo e com atendimento ao público.

Em certa ocasião, Miguel conseguiu a um só tempo brigar com um cliente insatisfeito com um produto e com o gerente da loja, que, depois de tantos eventos problemáticos, resolveu demiti-lo. Ele era o vendedor que mais dava lucro para a loja, mas seu comportamento indolente, insubordinado e indisciplinado o tornava um colega de trabalho insuportável. Quanto mais sucesso ele tinha nas vendas, mais intocável se sentia e pior era o seu comportamento.

A simpatia e destreza que tinha com os clientes não era aplicada aos colegas, que falavam mal dele pelas costas e o excluíam de almoços coletivos ou *happy hours*, o que, em contrapartida, alimentava a sua persecutoriedade e o seu ressentimento.

As pessoas o excluíam por ele ser um indivíduo de convivência difícil ou ele era difícil porque as pessoas o excluíam? Dependendo de quem olha, a resposta pode ser diferente, mas, como esse era um acontecimento recorrente por onde passava, foi ficando claro para Miguel, em especial na terapia, que suas relações pessoais fraturadas e inconsistentes eram frutos do seu comportamento "ingênuo e entusiasmado, que causava inveja por onde passava", e não o contrário.

Imaturidade e maldade são conceitos diretamente conectados?

Sim, são intimamente conectados, mas não sinônimos, pois nem toda pessoa imatura é maldosa, ainda que os efeitos de seu comportamento possam acarretar prejuízos nos relacionamentos. Entretanto, toda pessoa maldosa e legalmente transgressora é emocionalmente imatura em maior ou menor grau, e é sempre bom lembrar dos cinco traços da imaturidade (veja o capítulo 6): **egocentrismo**, **reatividade**, **descontrole emocional**, **jogos de poder e controle** e **rigidez.**

Nos casos brandos e "inofensivos" de imaturidade, é mais fácil ver que existem componentes potencialmente problemáticos que geram contratempos relacionais prejudiciais, como dívidas, traições, brigas ou relacionamentos tóxicos, e que até podem estar no limite da lei.

Até poderíamos afirmar que **o protótipo da maldade tem como base elementos da imaturidade emocional, mas o percurso de vida único do comportamento antissocial encontra no meio do caminho outros componentes trágicos que levam a imaturidade aos extremos da sociopatia.**

Nos casos mais graves, em que, além da imaturidade, há elementos sádicos e predatórios, a bomba é muito mais explosiva e perigosa. **Os cinco traços de imaturidade, quando surgem no combo da perversidade, assumem características fatais.**

O egocentrismo e a parcialidade levados ao máximo fazem uma pessoa agir de forma interesseira, objetificante e puramente instrumental. Os outros não existem como indivíduos com necessidades próprias, mas como ferramentas para conquistar seus objetivos particulares, que, nessa versão extrema, costumam ser puramente mesquinhos e relacionados ao poder.

A **pressa imediatista e reativa** extremada cria um tipo de ação golpista e que burla os mecanismos usuais para obter as próprias metas, em que os fins justificam os meios de formas letais, afinal, tirar um problema da frente pode implicar a morte ou o prejuízo irreversível do bem-estar de outra pessoa.

O **descontrole emocional** pode criar um vício no desprezo e no ódio e se descolar do senso de pertencimento social, congelando o senso de empatia ou arrependimento. Na prática, essa desconexão pode materializar-se em falta de remorso ou compaixão, traço tão marcado em personalidades psicopáticas (nome popular do transtorno de personalidade antissocial).

A obsessão por **jogos de poder, controle e manipulação** pode atingir sua versão mais danosa na forma de tortura emocional ou física.

As pessoas que agem a partir de uma base de **fixação e rigidez** e se tornam caricaturas ambulantes respondem, na versão extrema, por personalidades sombrias e sorrateiras que se acreditam portadoras de habilidades supremas, incomuns e até messiânicas, combinação perfeita para a perversidade.

Você não ia gostar de cruzar com essas figuras, pois elas seriam hipnóticas e carismáticas num primeiro momento, até que a convivência revelasse suas contradições perigosas, que mais pareceriam um cativeiro emocional macabro.

A imaturidade, portanto, não leva necessariamente a atos maldosos, mas está na base genealógica da maioria das atitudes maquiavélicas que nos tomam de assalto quando vemos os noticiários e páginas policiais.

Toda pessoa chamada de "malvada" seria imatura ou seria malvada por ser imatura?

A causa da maldade não reside apenas na imaturidade emocional, mas se baseia fortemente nesse componente. A pessoa compulsivamente predatória é imatura no campo emocional, mas não é malvada por isso, pois existem milhares de outras pessoas imaturas no mundo que não levaram suas características ao extremo da perversidade.

O pulo do gato reflexivo é se haveria intencionalidade, controle e consciência nessa travessia da imaturidade juridicamente inofensiva para a socialmente perigosa e legalmente transgressora. A resposta é não, pois o que caracteriza a imaturidade é exatamente navegar num mar de reatividade emocional e fixação numa identidade problemática, mas inconsciente dos desdobramentos de si mesma.

Racionalmente, se questionada de maneira verbal, a pessoa é imputável (aquele que tem condições cognitivas de entendimento sobre um ato ilícito e, logo, pode responder legalmente pela prática de um delito) por completo, mas, do ponto de vista prático, seu condicionamento emocional é tão viciado que é quase como se houvesse um procedimento padrão que responde automaticamente antes de qualquer arbítrio racional. Em outras palavras, apesar de ter acesso à racionalidade, na prática o imaturo age de modo instintivo, como um animal.

Esse é o grande dilema jurídico-ético: apesar de haver racionalidade e entendimento do ato ilícito, a capacidade emocional da pessoa imatura de considerar a complexidade de sua atitude é quase nula. Seria como oferecer um lápis a um canhoto e esperar que ele escrevesse com a mão direita. Do mesmo modo que existe um ato mecânico do reflexo do braço, também é preciso considerar o ato do reflexo emocional.

Quantas vezes você já se flagrou impulsivamente agindo de uma forma claramente autodestrutiva? Nesse caso, o agente e o alvo do prejuízo são incompreensivelmente a mesma pessoa. Se fosse só uma questão de autopreservação, nada explicaria a ação, mas há um condicionamento emocional mais complexo que envolve questões subterrâneas e inexplicáveis.

Sei que é difícil imaginar o paralelo entre alguém que abre a geladeira de madrugada para comer porcaria e alguém que trata um ser humano como descartável. Você pode pensar que essa é uma falácia lógica, da ladeira escorregadia (que apela aos extremos para ganhar um argumento); o raciocínio soa exagerado, pela gravidade das consequências, mas, em termos de procedimento psicológico, a engrenagem é a mesma. Um mecanismo emocional impulsivo que foi exercitado milhares de vezes ao longo de anos, de forma irrefletida, sem nenhum meio de controle ou avaliação, vai se tornar uma "segunda pele" mesmo que pareça patológica, repugnante ou doentia para os outros.

Isso responde até pelos atos perversos calculados com antecedência e sem o componente da passionalidade? Sim, pois o arco temporal de longo prazo implicado não diminui o imperativo de uma barreira psicológica que converge para o objetivo maléfico desejado. A pessoa se torna monotemática e obsessiva em torno da ação impiedosa e, portanto, está presa, como já apontou Paul Ekman, no **período refratário,** totalmente tomada pela sua bestialidade e incapaz de ser dissuadida.

Do ponto de vista jurídico, é isso que implicaria o dolo ou a intenção premeditada, mas, do ponto de vista psicológico, um ato passional e uma ação premeditada têm o mesmo condicionamento de inevitabilidade ou irrecusabilidade compulsiva. A pessoa se vê irrefreavelmente levada para um mesmo destino, não importa quanto tempo passe.

A diferença de minutos, horas ou meses não muda a narrativa obcecada do sujeito da infração, pois a fantasia perversa se incumbe – antes do ato em si – de garantir que a pessoa já antecipe o resultado de longo prazo na véspera. O macabro ato concreto do roubo, do assassinato ou da tortura já teve lugar em seu imaginário muitas vezes, somente aguardando o *"grand finale"*, que só seria impedido ou barrado por coerção ou erro de cálculo.

Haveria algum tratamento psicológico ou intervenção emocional corretiva em casos extremos que levassem uma pessoa imatura-criminosa a se corrigir e se reintegrar na sociedade?

Essa é a pergunta que nunca terá uma resposta confortável. Para aqueles que argumentam que há uma índole incorrigível, a única ação possível é a reclusão social prisional ou penas extremas. Para os que arguem pelo caminho dos fatores sociais determinantes que levam uma pessoa ao ato criminoso, sempre há uma segunda chance.

De partida, não podemos nem chamar a pessoa de criminosa porque cometeu um crime sem contextualizar qual foi o delito, a gravidade, os fatores sociais (que definem quem vai preso ou não) ou motivacionais e as condições de personalidade e de maturidade emocional.

Num mundo ideal, em que programas de treinamento de maturidade emocional pudessem ser aplicados juntamente com trabalhos de profissionalização e reintegração social efetiva, ainda assim seria preciso criar um tipo de escala para avaliar o grau de comprometimento. Nos resultados menos promissores de casos graves, haveria pelo menos redução de danos e adaptação para outros tipos de pena. Nos melhores casos, tendo em vista outros fatores de integração social e laboral aplicados, seria possível apostar em melhoras significativas com treinamentos de habilidades emocionais, como **visão global**, **estabilidade e equilíbrio emocional**, **presença e sabedoria** e **abertura**.

Mas isso seria em um mundo ideal; logo, a resposta quanto à efetividade da aplicabilidade de um programa mais amplo de maturidade emocional permaneceria aberta. No consultório de psicoterapia, é possível ver a qualidade de vida de pessoas com graus variados de imaturidade emocional avançar; nos casos extremos, seria preciso uma implementação que não fosse apenas psicológica, tendo em vista as noções multifatoriais implicadas no comportamento criminoso.

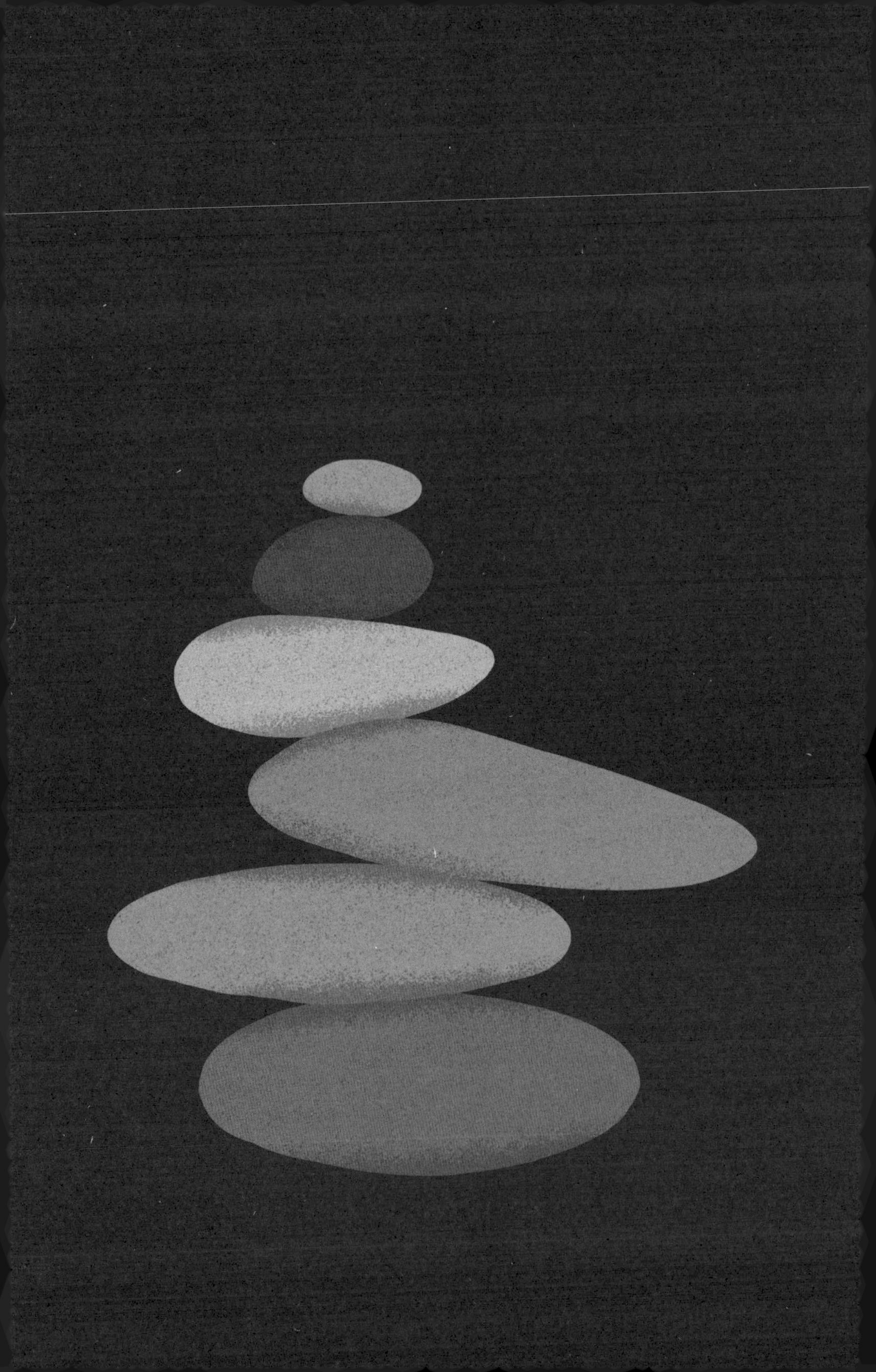

PARTE III

CAMINHO DE AMADURECIMENTO

CAPÍTULO 11

Os cinco pilares da maturidade emocional e 60 exercícios práticos

Não discuto com o destino
o que pintar eu assino
Paulo Leminski

Os cinco pilares da maturidade são contrapontos para os cinco traços da imaturidade; do mesmo modo que aqueles traços não são posições fixas, estes pilares também são modos de movimentação pelo mundo. Deixe que as descrições sejam inspirações, e não imposições; não crie resistências iniciais como se fossem inviáveis. Leia tudo como um convite para despertar facetas adormecidas que apenas esperam para florescer.

PILAR 1: Espaço interno

"Eu vejo além de mim e cuido dos outros"

Visão global e compaixão
Criar espaço interno é fundamental para rebater a visão parcial e egocêntrica e deixar que a **compaixão** se movimente. Quanto mais espaço interno criamos, mais podemos ser generosos e altruístas, pois o egocentrismo surge da mesquinhez de recursos psicológicos. Se imaginarmos uma casa maior, ela poderá acomodar com mais conforto os visitantes,

mas, se a sensação que impera é de que temos pouco espaço, passamos o tempo todo obcecados em cuidar de nossas necessidades pessoais.

É muito gostoso estar ao lado de pessoas que sabem bem o que querem sem que isso vire um eclipse de personalidades. As conversas são fluidas, gostosas, e cada parte envolvida consegue contribuir para a **visão mais ampla** dos acontecimentos. Todos os lados argumentativos são considerados, mesmo que sejam diferentes e até contrários. A pessoa com uma perspectiva global consegue entender, ainda que discorde quanto aos resultados, que cada história é única e projeta para si um cenário e narrativas próprias.

Na hora de negociar suas vontades, não precisa ficar colocando cada centavo na balança e contabilizando de maneira mesquinha o câmbio de doações. Ela sabe **cuidar de si mesma**, consegue reivindicar o que precisa sem constranger os demais. E esse equilíbrio de cuidar de si e dos outros abre espaço para ser tocada pelas **necessidades alheias**.

Essa postura não é mágica, mas surge de um treino constante de se conectar com a vida de modo mais amplo. Alguém com uma visão escassa, medrosa, baseada na ideia de que não há espaço para todos e de que os recursos pertencem aos espertos, dificilmente conseguirá olhar com compaixão para os outros.

Ao olharmos para cada pessoa em sintonia com sua dor, seus sonhos e sua história, conseguimos pouco a pouco apreciar pontos de vistas que não são os nossos e **valorizar a alteridade**. Perceber que podemos nos mover para diminuir aquela dor tira de nós a ideia obsessiva de receber agrados, elogios e atenção constante.

Nesse estágio de maturidade, é bonito ver que as pessoas que estão à sua volta se sentem reconhecidas, apoiadas e estimuladas a brilhar por conta própria.

O exercício da **empatia** é fundamental nessa perspectiva, desde reconhecer as expressões faciais de uma pessoa, passando por deduzir o que se passa com ela, até chegar ao ponto de realmente sentir como ela estaria por dentro.

Às vezes, o que nos surge na imaginação quando pensamos em empatia são aquelas pessoas santas e abnegadas, trabalhadoras pelo bem alheio, mas não se engane: muitos que são assim adotaram um estereótipo de bondade para controlar os desejos alheios. Esses que estão no comando de uma grande embarcação da caridade muitas vezes não perdem a oportunidade de constranger a pouca contribuição dos outros.

Para a pessoa realmente compassiva, qualquer contribuição é bem--vinda e já confere o movimento para além dos próprios interesses; ela quer ver os outros amadurecerem no seu tempo, sem criar competição moral ou espiritual com ninguém. Ela entende que quem quer faz, e quem não pode não pode.

A conjuntura mais bonita da compaixão é quando ela consegue se direcionar com **honestidade para as próprias imperfeições**. Não é uma postura condescendente que ignora os pontos a serem melhorados, mas uma que evita o massacre moral com os próprios dias difíceis. A mesma acolhida que é oferecida para as desgraças alheias que chegam até a pessoa compassiva é igualmente estendida a si mesma.

Na hora da falha, da queda, do insucesso, o que a espera é sempre um abraço carinhoso de **autocompaixão**, que guarda os bons conselhos para depois do abatimento emocional que vem com o desapontamento. Você daria uma lição de moral em quem acabou de fazer algo pelo qual se condena por ser vergonhoso? Não. Agora imagine se também fosse capaz de fazer isso por si mesmo.

Nome popular: Peter Pan
Características centrais: parcialidade e egocentrismo
Ponto cego: necessidades dos outros
Contraponto: ESPAÇO INTERNO – visão global e compaixão
Palavras-chave: egocentrismo, parcialidade, equilíbrio entre vontade individual e coletiva, competitividade, autopiedade, autoilusão grandiosa, cuidar de si mesmo, necessidades alheias, alteridade, autocompaixão

PEQUENOS EXERCÍCIOS EMOCIONAIS

EXERCÍCIO 1: Faça uma lista das cinco pessoas mais significativas da sua vida e tente imaginar uma lista de coisas que lhes pertencem: sonhos, medos, gostos, desgostos, traumas, desejos, expectativas, boas histórias, virtudes, pontos fracos, vergonhas e atos heroicos. Exercite a empatia.

EXERCÍCIO 2: Escreva os três problemas que você enfrenta atualmente e tente descobrir se há algum traço de egoísmo nessas questões. Em seguida, avalie se existe algo em comum entre as diferentes situações que possa estar atrapalhando a sua percepção de uma solução.

EXERCÍCIO 3: Pense numa situação cotidiana e tente identificar o que veio antes e depois dessa ocorrência. Por exemplo, se você se sentiu triste, pense em gatilhos que o levaram a sentir aquilo, crie uma relação de causa e efeito linear e analise como agiu antes de se sentir triste e como foi depois disso também. Saiba a diferença entre uma causa e um efeito psicológico tentando perceber a cronologia dos fatos, o que vem antes e o que vem depois, e se há uma relação aparente entre eles.
Se esse exercício for muito simples ou básico para você, comece a fazer relações mais complexas envolvendo um efeito com muitas causas, que podem até se realimentar e criar um sofisticado circuito de efeitos que afetam as próprias causas e reverberam sobre outros comportamentos que disparam ainda mais comportamentos.

EXERCÍCIO 4: Tente ter uma conversa em que você não seja o centro das atenções. Durante o papo, concentre-se em ser uma escada para que os outros se sintam melhores em relação a si mesmos e revelem seus lados mais nobres, bonitos e iluminados.

EXERCÍCIO 5: Passe um dia sem fazer algo por si mesmo (mantenha os atos de sobrevivência, como comer, dormir, trabalhar), ou seja, concentre-se em observar as necessidades dos outros sem colocar as suas à frente. Para quem já está habituado a pensar nos outros, pode parecer fácil, mas veja se mesmo nas suas ações altruístas não há motivações egocêntricas. Não se julgue ou se condene por isso; só observe.

EXERCÍCIO 6: Passe dois dias evitando os seus subterfúgios sensoriais para lidar com o tédio: inclua as redes sociais e joguinhos de celular, ou até mesmo o próprio celular.

EXERCÍCIO 7: Durante uma semana no trabalho, dedique-se a fazer um trabalho realmente colaborativo, que inclua predominantemente as necessidades dos seus pares e colaboradores.

EXERCÍCIO 8: Reaqueça a ideia de fazer algum trabalho social e, se puder, ponha em prática.

EXERCÍCIO 9: Escolha uma pessoa que você detesta e cuide bem dela (se for muito difícil, pode ser uma pessoa que você ama, afinal, são as que mais gostamos de tratar mal). Não force demais os seus limites, mas tente um pouco além do que está habituado. Se achar que é alguém que possa ter um efeito muito pesado ou nocivo sobre você, não precisa se torturar tanto.

EXERCÍCIO 10: Observe as regras do jogo das relações entre as pessoas. Veja o motivo pelo qual agem de determinada forma com as outras. Observe se elas englobam os outros em suas ações ou se agem só em defesa própria. Tente pensar nos conflitos que enfrentam nas relações entre si e faça um esforço consciente de não trazer as suas próprias necessidades para a reflexão.

EXERCÍCIO 11: Eleja uma figura de maturidade emocional, faça uma lista dos comportamentos que ela tem e tente copiar por uma semana o seu modo de agir. Acesse essas imagens internas de sabedoria e pergunte-se: "O que fulano pensaria/faria/sentiria nessa situação?".

EXERCÍCIO 12: Faça uma lista de dez valores pessoais pelos quais você tem apreço e depois vá cortando os valores até chegar em dois. É uma forma de tentar entender quais são as coisas importantes e também as essenciais e como é doloroso quando temos que cortar valores que apreciamos. Depois pense se as suas ações estão alinhadas ou não com as duas listas.

PILAR 2: Tempo de ação

"Eu tomo tempo para ver as possibilidades antes de agir"

Estabilidade emocional
O primeiro benefício que encontramos ao sair da perspectiva imediatista e reativa é a clareza para tomadas de decisão. É como se você pudesse agir sem a pressão para atender demandas estranhas, suprir carências ou simplesmente ceder aos próprios vícios emocionais.

O arco de ação entre o problema que surge e a solução, que era "bateu, levou", ganha um tempo emocional significativo entre estímulo, conexão interna, reflexão e resposta.

A **estabilidade emocional** precisa de tempo interno, e não estamos falando de dias, meses ou anos, mas de um recuo para consultar a própria intimidade. Por isso, todos os traços de maturidade se conversam e, quanto mais familiarizado consigo mesmo você estiver, mais fácil será essa autoanálise cotidiana.

Durante muito tempo, ter todas as respostas na ponta da língua foi sinal de genuína sagacidade intelectual, como se a pausa fosse resultado de hesitação ou incapacidade argumentativa. Mesmo que a prontidão possa ser valiosa para tomadas de decisão de emergência, nem sempre ela é útil nos embates dos relacionamentos pessoais. Quantas vezes já falamos ou fizemos coisas das quais depois de alguns minutos nos arrependemos?

Essa **pausa interna** é o espaço para decantar o que recebemos dos outros e deixar correr em nós o processo da conexão verdadeira. Até sequestradores experientes sabem que uma negociação não será resolvida num prazo curto; na tentativa de libertar um refém, os negociadores têm certeza de que ganhar tempo é sempre um ponto favorável para resgates bem-sucedidos. Da mesma forma, a nossa mente pode ficar refém de impulsos e condicionamentos estreitos com muita facilidade e, com isso, produzir resultados catastróficos.

Lembro-me de um colega de infância, o Benê, que contraiu uma dívida financeira com outro amigo nosso. Foi possível ver uma sequência de reações tipicamente imaturas: Benê fugiu e criou confusão com o amigo só para justificar moralmente a sua inadimplência afetiva. Por que conversar, negociar ou pagar de outra maneira? Benê achava isso impensável ou humilhante, uma pessoa "digna", na visão dele, não poderia se rebaixar tanto.

A **temperança**, qualidade de quem é moderado, teria ajudado muito mais do que a afobação impetuosa. Para não ficar "por baixo", Benê perdeu a amizade do grupo, se revelou não confiável e não resolveu o problema financeiro. Depois de um tempo, ficou nítido que ele se punia pelo mal feito ao ex-amigo generoso.

A objeção mais clássica à temperança é que não conseguimos suportar tanta passividade e precisamos resolver os problemas imediatamente.

É verdade, para dar tempo de fazermos um processamento emocional, carecemos de **resiliência** para suportar o desconforto interno.

Foi relativamente tarde que entrei numa sauna pela primeira vez. Meu sogro e outros familiares pareciam muito felizes com o entra e sai naquela salinha fumacenta, então me arrisquei. Foi uma sensação muito claustrofóbica, o calor molhado misturado com o esforço de fingir naturalidade, sem saber ao certo qual era o protocolo de permanência. Eu queria sair correndo dali, mas aguentei firme até entender que não era uma prisão. O tempo era personalizado, mas a típica pressão masculina impunha um teste de fogo de longevidade; ainda assim, estranhamente me acostumei.

Assim como os mergulhadores de grandes profundidades se habituam a tolerar a pressão física e psicológica do fundo do mar, nós também somos capazes de nos familiarizar com as altas cargas emocionais que nos habitam.

Esse tempo de **latência emocional** para tolerar os conflitos em suspensão vai aumentando, até que um movimento criativo surja como resultado dessa fornalha psicológica. Essa delicada elaboração vai tornando-se parte natural do processo de socialização. Em muitas situações embaraçosas para as quais não tenho uma posição clara, eu acabo respondendo algo como "Essa questão pede uma reflexão mais apropriada. Se eu responder agora, falarei a primeira coisa que vier à minha mente para que você fique satisfeito, mas pode não ser a melhor resposta para um questionamento tão importante e que envolve tantas variáveis. Posso responder com mais calma depois?". A própria pessoa se dá conta de que a pergunta que fez tinha muitas camadas, o que devolve para ela um pouco da responsabilidade que havia posto sobre mim (e com isso tiro um fardo extra das minhas costas).

Para ter sabedoria num posicionamento que envolve dilemas difíceis, você precisa oferecer soluções que causem **o menor impacto negativo** possível na vida dos outros, em especial em questões que implicarão danos inevitáveis. Nessa fase já superamos um pouco a ilusão de ser uma pessoa imaculada que nunca assume o peso de decisões impopulares.

Em vez de ficar sofrendo na véspera, assumimos cuidados preventivos sobre finanças e saúde e fazemos o que tem que ser feito, de forma **pró-ativa**, para encarar os revezes inevitáveis sem alarde. Nesse caso, a prevenção assume o protagonismo para que a pressa não nos sequestre quando a bomba estourar.

Essa vitalidade cheia de **entusiasmo** e curiosidade pela vida garante um bom humor no cotidiano, pois fazemos as pazes com o tempo, não brigamos com o presente nem nos afligimos com o futuro, e deixamos que cada coisa venha em seu próprio ritmo.

As crises não são vistas como definitivas ou definidoras; conseguimos navegar confiantes pelos dias difíceis, sabendo que já enfrentamos muitas coisas terríveis e soubemos lidar com elas. Portanto, a fé não se baseia na ideia ilusória de que as coisas sempre darão certo, mas na crença de que, seja lá o que estiver diante de nós, vamos poder enfrentar.

A pessoa estável avança ou recua quando necessário e sabe equilibrar os pratos sem se sobrecarregar; é **estratégica**, e não reativa nas suas ações, não deixando ninguém sobrecarregado nem ignorando sua rede de apoio, e desse lugar todos são aliados.

Se você é assim, não quer dizer que tenha um otimismo boboca, mas que sabe reconhecer os **limites da vida** e até onde suas forças podem chegar. Qualquer sentimento negativo pode ser experimentado e ressignificado, e por isso a estabilidade ganha espaço.

O gerenciamento emocional surge como decorrência dessa postura mais contemplativa. Imagine-se conseguindo consultar os seus "oráculos" internos quando tiver uma batata quente nas mãos: poderá saber quais forças contrárias brigam dentro de você e como essas polaridades se movimentam diante de um impasse, conseguirá reduzir tensões no seu corpo, na sua mente e nas suas relações e poderá consultar as emoções em jogo e entender o que elas estão evocando. Além disso, será capaz de olhar com mais facilidade para os seus pontos cegos ao analisar com calma as auto-objeções sem que se ache fraco por admitir as próprias vulnerabilidades.

Nome popular: Diabo da Tasmânia
Características centrais: imediatismo e reatividade
Pontos cegos: tempo das coisas e gestão do sofrimento
Contraponto: TEMPO DE AÇÃO – estabilidade e gerenciamento emocional
Palavras-chave: afastar da dor, condição humana falha, queixoso, admitir falhas, protagonismo, estratégico, insatisfação, desgaste emocional, resiliência, pró-ativo, entusiasmo, ressignificados, limites da vida

PEQUENOS EXERCÍCIOS EMOCIONAIS

EXERCÍCIO 1: Escreva cinco fatos sobre o seu passado com os quais você sente que precisa se reconciliar. Escolha um deles e debruce-se sobre esse acontecimento. O que aconteceu de fato? Por que afetou você? Quais emoções estavam envolvidas? Elas continuam presentes hoje em dia? O que já poderia deixar para trás? Como poderia contar essa história para si mesmo de modo a soltar as emoções presas a esse acontecimento?

EXERCÍCIO 2: Lembre e registre três acontecimentos difíceis que você atravessou e como fez para lidar com a dor da situação. Recorra à lista de manobras imaturas (veja o capítulo 5 sobre o tema) e recorde quais delas você utilizou e os efeitos práticos problemáticos que criou.

EXERCÍCIO 3: Crie uma agenda para o seu dia e cumpra seus afazeres e compromissos. Dedique um dia inteiro a não esperar que os outros digam o que você tem que fazer. Faça o que precisa ser feito.

EXERCÍCIO 4: Tire boas observações de tudo o que acontece. Mas cuidado para não chegar a conclusões simplistas ou "polianas" (como a personagem da literatura para quem tudo tem um lado bom), e sim entender os mecanismos emocionais por trás do que está vivendo, tentando encontrar alternativas mais amplas. A ideia é que isso se torne o seu futuro repertório em situações de pressão que estiver vivendo.

EXERCÍCIO 5: Lembre algum problema que esteja enfrentando e pense em quatro possíveis soluções, tentando encontrar nelas maneiras de diminuir o impacto negativo sobre as pessoas envolvidas.

EXERCÍCIO 6: Observe os objetos que estão à sua volta e tente se lembrar de como foi saboroso o processo de comprar, esperar, começar a usar e se alegrar com um momento tão simples.

EXERCÍCIO 7: Faça uma lista das situações mais difíceis que já enfrentou e de quais emoções estavam associadas a elas. Agora pense em como poderia ter ressignificado cada um desses sentimentos em uma perspectiva mais positiva.

EXERCÍCIO 8: Passe um dia sem reclamar, simples assim – o que inclui as suas "observações" julgadoras da realidade.

EXERCÍCIO 9: Respire direito. Pode parecer uma bobagem, mas não respiramos bem na maior parte do tempo. A inspiração é curta, não temos pausas satisfatórias nem uma expiração suave; procure bons tutoriais na internet. O pulo do gato é que isso vire um novo procedimento padrão e, mais que isso, que você aprenda a respirar adequadamente diante de um impasse. É como contar até dez, mas usando a respiração para ganhar espaço interno antes de reagir de forma problemática.

EXERCÍCIO 10: Suporte um pouco de desconforto. Se não estiver vivendo nada muito desconfortável agora, apenas sente em silêncio por uns dez minutos e verá a sua mente se transformar num campo de batalha. Não tente conter, atacar ou modificar esse mal-estar; só aumente a musculatura emocional para lidar com algo desconfortável. A resiliência de longo prazo surge com esses exercícios de ganho de tempo.

EXERCÍCIO 11: Crie tempo "inútil", ou seja, tempo para fazer algo sem a pressão de produzir, dar andamento a um projeto que tenha zero utilidade. É um bom jeito de descondicionar as suas ações de uma reatividade produtivista para ganhar espaço leve, lúdico e fluido.

EXERCÍCIO 12: Pense e sinta antes de agir. É entre o comportamento dos outros (ou um evento externo) e a sua reação que a reatividade imediatista causa problemas. Por querer tirar o incômodo da frente, você responde sem se conectar consigo mesmo. Então a brincadeira é criar um espaço entre o estímulo e a resposta, gerando conexão interna e reflexão no meio do caminho. Suas emoções oscilam, e isso não é um problema; o problema é você agir dominado por elas.

PILAR 3: Equilíbrio emocional

"Estou fluindo com a vida"

Fluidez, gerenciamento emocional e integração afetivo-intelectual

Para superar o hábito de ser dominado pelas próprias emoções é preciso um treino de fluidez, que consiste em deixar que as emoções se aproximem e se afastem sem que você se impressione por elas. Se a tristeza ou a raiva aparecerem, você ouvirá o que elas têm a dizer, mas não se deixará dominar por elas como o único discurso corrente. Em vez disso, você consultará outras vozes internas, como um grande conselho diretivo que intervém nas tomadas de decisão.

Para não se deixar impressionar pelo ritmo das emoções é preciso **familiaridade com as mensagens emocionais**, sem achar que elas são verdades finais. Quando o medo aparecer, não quer dizer que algo ruim vai acontecer; apenas que você tem medo de que algo ruim aconteça. Nessa hora, é preciso avaliar se existem outros fatores de perigo real e se você tem recursos para enfrentar o problema, ou seja, o medo trouxe um elemento de preparo, mas não definiu se a ameaça é efetivamente real.

Quando você ouve a **mensagem emocional**, percebe que ela quer levar sua mente para alguma ação, mas, antes de se afundar em tristeza, gritar de raiva, pular de alegria ou correr de medo, precisa saber o que será projetado com essas ações.

Na maior parte dos problemas que vivemos, é como se existisse um refém (nossa consciência) sequestrado por criminosos (os medos catastróficos) nos impelindo a agir impensadamente e criando camadas de problemas extras. Para nos livrar do incômodo e da asfixia emocional, respondemos como tolos, defendendo-nos com ataques desnecessários ou com fugas intermináveis.

O **gerenciamento emocional** de qualidade usará tempo, alteridade e visão antes de agir. As perguntas certeiras são sempre "Para que farei isso?", "Como isso afetará essa pessoa?" e "Aonde quero chegar com esse comportamento?".

Quando surge mais fluidez emocional, é possível notar que encontramos **soluções criativas** para problemas que antes eram resolvidos apenas com um tipo de emoção. Quando estivermos raivosos, poderemos perguntar o que a tristeza acha daquilo e o que a compaixão faria de diferente. Com isso, poderemos chegar a respostas surpreendentes, pois atrás de uma emoção intensa pode existir uma fragilidade a ser descoberta.

Quando assistimos a um filme, há duas posturas típicas: o emotivo se convulsiona em choro e não entra em contato com suas emoções, apesar de seguir uma avalanche emocional. Não há uma efetiva degustação emocional; do mesmo jeito que a emoção entrou, saiu; foi só uma catarse irrefletida. Por outro lado, temos aquele que fica fazendo comentários internos, pensando em quantas obras já viu aquele ator e procurando referências na internet enquanto vê o filme. O distanciamento afetivo é a marca de sua experiência, como se fosse um crítico de cinema especulando sobre o enquadramento da película.

Agora imagine-se deixando o filme fluir serenamente, até diluindo tensões corporais, sem atropelo, levando você a mergulhar sem se perder e a **seguir respirando**, sentindo ondas internas de graça, medo, raiva e maravilhamento, sem se desorientar completamente.

Esse **equilíbrio emocional** também vem de uma constante avaliação dos próprios gatilhos emocionais. É como se surgisse um radar interno que nos leva a saber quais acontecimentos nos nutrem e quais drenam nossa energia e deixam um rastro de desgaste psicológico.

A pessoa equilibrada é **receptiva** e está aberta a entender a realidade do outro. Ao se colocar no lugar dos outros, ela experimenta um tipo de ressonância afetiva real, como se pudesse sentir o que a outra pessoa vive sem estar na sua pele e, com isso, tira percepções valiosas. Deixa-se tocar por **experiências novas** fluindo no meio do caos sem criar um colapso emocional, ao mesmo tempo que navega em câmera lenta quando não sabe por onde está caminhando.

A **leveza** acaba sendo uma decorrência natural desse estado de entrega, em que sabemos que as emoções serão escutadas, respeitadas e analisadas, mas não dominarão as nossas ações. E, quanto mais familiarizados estivermos com as nossas vulnerabilidades, mais fácil será esse processo de reconhecimento emocional.

Nome popular: *Drama queen*
Característica central: descontrole emocional
Pontos cegos: fluidez e liberdade
Contraponto: EQUILÍBRIO EMOCIONAL – equilíbrio, entrega e encantamento pela vida
Palavras-chave: emocionalidade, dramaticidade, distanciamento, frieza, obsessividade, experiências novas, receptividade, criatividade, resiliência

PEQUENOS EXERCÍCIOS EMOCIONAIS

EXERCÍCIO 1: Tente imaginar/sentir que apelos emocionais, contraditórios e irracionais podem estar por trás dos acontecimentos. Comece a diferenciar um pensamento de um sentimento e também atente-se para um pensamento com cara de sentimento, mas que continua sendo um pensamento, como: "Estou sentindo que aquele cara é um idiota". Ainda é um pensamento, mesmo que pareça um sentimento: "Me sinto humilhado pelo comportamento idiota dele".

EXERCÍCIO 2: Pense nas últimas três interações que teve e avalie o seu senso de dever sobre aquelas relações. Qual foi o efeito de suas ações sobre elas? As pessoas foram alavancadas ou diminuídas?

EXERCÍCIO 3: Pare de tratar seu sentimento como bom ou ruim, ou seja, atenue a carga de crítica e condenação ao que você sente. Suspender o julgamento sobre os sentimentos seria o ponto máximo, mas a princípio apenas diminua a dose. Pergunte a si mesmo o que a emoção quer comunicar, para onde ela quer conduzir o seu olhar, que tipo de dores ela quer evitar.

EXERCÍCIO 4: Sempre olhe suas emoções como nuvens que se formam e se desfazem. Nossa maior ilusão psicológica é achar que as emoções são sólidas, onipresentes e onipotentes, quando são apenas uma colisão entre um evento e uma interpretação (baseada no nosso histórico). São os nossos olhos que dão a duração da emoção, a forma como as reverberamos internamente. Portanto, crie um clima de leveza ao avaliar as emoções, não se engane com seu bom/mau humor nem se deixe impressionar. Elas passam e não nos determinam; o que nos determina é como lidamos com elas.

EXERCÍCIO 5: Use a arte, explore suas emoções com livros, filmes e músicas. Muitas pessoas choram com comercial de TV, normalmente porque conseguem afastar-se de suas próprias emoções e se ver nos personagens sem admitir que se identificaram. É como se relaxassem e admitissem que lá fora as emoções podem acontecer, desde que não envolvam fatos pessoais. Então deite tranquilamente e deixe que os sentimentos apareçam, ganhem forma, tragam lembranças e se desfaçam. Isso fará você adquirir confiança na transitoriedade das emoções até perceber que depende de sua atitude dar o tom perigoso ou inofensivo delas.

EXERCÍCIO 6: Criar é uma maneira de dar forma às suas emoções, portanto tenha uma oficina pessoal na sua agenda mental para deixar a criatividade falar e se expressar. A forma de arte fica ao seu gosto, mas abra um espaço para exercitar a sua criatividade.

EXERCÍCIO 7: Faça uma lista de cinco situações tensas que você vive ou já viveu e separe o que está dentro e o que está fora do seu controle de ação direto. Pense em como seria se pudesse se concentrar apenas no que está dentro da sua esfera de controle.

EXERCÍCIO 8: Escolha um assunto em que você se sente ignorante e vá aprender sobre ele, buscando visões opostas e diversas sobre o tema.

EXERCÍCIO 9: Escolha uma pessoa que pensa diferente de você e tente aprender alguma coisa com ela.

EXERCÍCIO 10: Não é sempre óbvio saber as nossas motivações, então pergunte a si mesmo por que você faz o que faz. Mas não se contente com respostas vagas ou que externalizem a responsabilidade. Responda com motivações internas, ainda que elas pareçam problemáticas e até imorais. Pode doer chegar a conclusões ruins a seu respeito, mas só assim você poderá ter familiaridade consigo mesmo.

EXERCÍCIO 11: Sinta suas emoções fisicamente, tome um tempo para conversar com cada parte do seu corpo. Pode parecer um exercício tolo, mas nosso corpo está sempre se comunicando conosco. Quem nunca sonhou que estava indo ao banheiro e acordou correndo para o vaso sanitário real? O corpo é um canal muito rico de comunicação. Dores, nó na garganta, problemas intestinais, problemas na pele e falta de ar são só alguns exemplos de sintomas que sinalizam reações internas.

EXERCÍCIO 12: Escolha uma atividade nova por mês para experimentar situações, relacionamentos e sensações diferentes.

PILAR 4: Conexão relacional

"Estou aqui, livre e sem jogos, para encontrar você"

Presença, liberdade e entrega
Para desfazer os vícios em jogos de poder e controle, o maior desafio é relaxar e abrir mão da necessidade constante de vigiar o próprio comportamento e o dos outros. É soltar essa checagem constante e desistir de manobrar os desejos das pessoas na direção dos seus.

Um grande desafio de quem está controlando a sutileza da relação é lidar com a dor da rejeição e do abandono. Para driblar essa tendência, a pessoa precisa se abrir e navegar para além dos dias tumultuados do apego.

John Bowlby foi um psicanalista que atuou na pesquisa sobre as relações de crianças pequenas com os pais. Ele percebeu três tipos de relação de afeto-dependência-apego da criança com os cuidadores: o apego seguro, o ansioso-ambivalente e o evitativo.

Converter os apegos ansiosos e evitativos em seguros é um caminho possível, mesmo para alguém que acha que a vida não tem sentido sem uma história de amor. O jogo de gato e rato nasce dessa instabilidade interna que não pode confiar na pessoa amada e, portanto, precisa manipular os seus interesses e desejos para obter vantagens pessoais.

Uma pessoa que consegue estabelecer uma conexão relacional verdadeira pode experimentar medo, ansiedade, raiva, culpa e desilusão sem que isso represente um problema, pois há um lugar de estabilidade interna. Em razão disso, consegue não sentir piedade de si mesma e pode encarar a dureza da vida sem descambar para um *desculpismo*, mas também não se torna implacável, achando que os outros fazem "mimimi".

Ela não adota nenhum **heroísmo salvador** do tipo que romanticamente acredita que os outros precisam ser cuidados como crianças, mas acredita no potencial básico da humanidade, mesmo em contextos de desesperança extrema. Não se trata de idealismo, mas da percepção de que existe uma base de conexão subutilizada que só precisa de estímulo para florescer em situações críticas.

Do mesmo jeito que não sucumbe à tentação de prejudicar por ter sido prejudicada, consegue distinguir como foi vitimada em contextos de abuso e, sem se fixar nesse papel, toma **responsabilidade pela sua dor** e a converte em caminhos de conexão com outras pessoas.

Por isso, consegue se entregar, **expressar afeto**, sem achar que aquilo subtrai algo de si. Entra o suficiente para saber se quer ficar e tem a generosidade de sair, se for necessário, sem machucar os outros, afinal vê as pessoas como seres humanos que merecem consideração e apreço, mesmo numa situação de aparente rejeição.

Esse sentido mais apurado de quando agir confere a essa pessoa uma habilidade social única de **se aproximar de pontos sensíveis sem constranger** e trazer soluções práticas e criativas sem excluir a sensibilidade e os relacionamentos humanos.

Como parou de fantasiar e jogar com os desejos dos outros, sabe **gerenciar as próprias fragilidades** sem projetar as suas carências ou forçar a barra sobre os que estão ao seu redor.

Essa manobra para **administrar suas carências** não é uma condição mágica de autossuficiência abrupta, mas uma construção lenta que ao longo dos anos levanta um alicerce de autoapreciação. Essa nova perspectiva não deixa de jogar com as vontades alheias pela máscara do "eu me basto", e sim pela capacidade de oferecer um mundo interno repleto de riquezas pessoais. É isso que diminui aquele típico esquema de entupir os outros de atos generosos e afetivos para depois exigir uma reciprocidade que nunca vem na mesma medida.

Quanto mais madura é a pessoa, maior é o seu **comprometimento com ações empoderadas**, e não com devaneios sobre como tudo poderia ser. Ela sabe que só poderá se orgulhar numa vida real, sólida, construída em relações profundas, sem achar que a grama do vizinho é mais verde.

Com o tempo, também consegue distinguir quando está se envolvendo em relações **nutritivas ou que drenam** a sua energia e quando ela própria pode estar engajada em conversas inúteis ou jogos de poder. Para isso, sabe diferenciar as situações que estão dentro do seu controle e aquelas que não estão, e acaba movimentando-se só na esfera em que pode realmente atuar.

O resultado prático é uma pessoa que sabe se **conectar genuinamente**, assumindo os riscos da intimidade e escolhendo estar aberta para tudo aquilo que vem no esteio da proximidade emocional. Ela não segue pelas trilhas ilusoriamente seguras do afastamento total ou da imersão tresloucada na intimidade.

Dificilmente veremos uma figura recolhida numa casca preservada de conforto social, evitando o impacto da rejeição. A pessoa madura sabe que não será imune aos efeitos do abandono, mas será confiante o suficiente para navegar melhor nos mares imprevisíveis do processo de luto. Seu caminho de desapego vai encarar as fases mais sensíveis de **resguardo, encolhimento emocional e questionamento** do valor próprio até chegar à ressignificação e aceitação da perda. Com essa confiança no processo de desapego, ela se libera de jogar com a vontade dos outros.

Aliás, a **liberdade** que busca tem menos a ver com fazer o que quer, e mais com deixar de controlar as pessoas. A pessoa que faz o que quer pode facilmente estar presa numa impulsividade tóxica e em condicionamentos emocionais problemáticos; aqui, a liberdade é parar de direcionar as pessoas, manobrar as vontades, sugestionar caminhos e limitar o fluxo de vida.

O medo de **relaxar o controle** costuma vir de uma noção equivocada que associa relaxamento com passividade, torpor ou submissão. Relaxar nas relações é uma experiência a ser implementada com consciência, pois soltamos a outra pessoa das exigências, dos acordos, dos pactos, dos medos, das promessas, das certezas, dos emaranhamentos e das manipulações sem que isso signifique menos amor, comprometimento e crescimento mútuo.

Nome popular: *Control freak*
Características centrais: jogos de poder, controle e manipulação
Pontos cegos: confiança e fluidez
Contraponto: CONEXÃO RELACIONAL – presença, entrega e liberdade
Palavras-chave: poder, controle, ausência de fluidez, colonialismo, exclusivismo, segunda intenção, jogos, fantasia, manipulação, parasitismo, carência, conexão genuína, comprometimento, liberdade, responsabilidade, relaxamento

PEQUENOS EXERCÍCIOS EMOCIONAIS

EXERCÍCIO 1: Solte-se. Sente-se confortavelmente e permita-se soltar o corpo (relaxe cada músculo), as emoções (deixe que elas passeiem sem prendê-las), as palavras (silencie), as relações (imagine as pessoas e deixe que elas se movam, sejam livres), a si mesmo (permita-se sorrir, gozar, chorar, tremer, respirar fundo). Solte a vida.

EXERCÍCIO 2: Observe sua maneira de se comunicar e veja se consegue expressar com clareza e abertura o que realmente sente pelos outros e o que deseja e espera deles. Seja construtivo na sua comunicação, sinta o clima entre as pessoas, tateie as entrelinhas, tome tempo para perceber o cenário. Não saia respondendo sem pensar, imagine o impacto emocional do que dirá sobre o outro e sobre si mesmo. Só então ofereça uma resposta, que pode ser uma pergunta, um pedido de ajuda, antes de uma afirmação ou um comando.

EXERCÍCIO 3: Pare de fazer cálculos; o que precisar falar, fale, mas facilite para os outros, explique suas decisões sem se defender, sem transferir responsabilidade ou induzir a uma ação. A maior artimanha da pessoa que gosta de controle é criar jogos emocionais com vistas a obter o que quer ou a evitar sofrer por algo. Libere-se da necessidade de ter retorno, final feliz ou ganho de causa na sua comunicação; portanto, assuma riscos quando colocar seu coração na mesa. A honestidade, mesmo quando não recompensada com reciprocidade, é valorizada como comportamento.

EXERCÍCIO 4: Quando começar a devanear sobre uma situação, tente observar qual dor o levou a fantasiar e se desconectar da realidade. Faça um esforço para olhar essa dureza sem cair nos extremos de se afastar emocionalmente ou chafurdar na emoção.

EXERCÍCIO 5: Aprenda a fazer boas perguntas. Assista a vídeos de bons entrevistadores e anote o que eles perguntam para os seus entrevistados. Faça uma lista de perguntas inusitadas e questione algo sobre os outros que possa surpreender você e esteja aberto a isso. Seja genuinamente curioso em relação às pessoas. Chame-as pelo nome, saiba o momento de vida que atravessam, busque entender suas motivações mais profundas, seus medos mais terríveis e seus obstáculos mais difíceis.

EXERCÍCIO 6: Brinque de adivinhação social: escolha uma pessoa que conhece indiretamente e imagine-a como um personagem. Deduza e invente sem medo de ser feliz; é só um exercício de empatia.

EXERCÍCIO 7: Ouça as pessoas exercitando a ressonância, sem reagir, só dando espaço interno para os sentimentos que elas provocam em você. Aprenda a tatear o ambiente. Ouvir é mais do que escutar; é encontrar o que está sendo dito além das palavras, perceber de que lugar emocional aquela pessoa fala e em que lugar ela quer colocar o interlocutor.

EXERCÍCIO 8: Pense numa conversa difícil que precisa ter com uma pessoa e imagine como poderia agir de modo que ela se sentisse melhor depois, mesmo se tiver que enfrentar algo negativo sobre si mesmo. Depois, construa um caminho no qual ela poderia se sentir aconchegada ao longo da conversa. Isso não é manipulação, mas um manejo afetivo que mostra que você se importa.

EXERCÍCIO 9: Demonstre raiva ou indignação sem diminuir ou inferiorizar o outro, tampouco se fechar. Esse é quase um desafio impossível, em especial para quem é mais esquentado, mas, se você quer exercitar sua presença emocional, precisará falar sem reduzir os outros aos seus comportamentos. Separe a ação do agente, expresse sua raiva exaltando os efeitos que aquele modo de agir teve sobre você, e não a culpa ou responsabilidade/maldade do outro. Algo como "Eu fico arrasado quando você age assim" é melhor do que "Você é uma pessoa horrorosa, não quero mais que fique perto de mim". No segundo caso, o apelo é sobre o agente; no primeiro, sobre o efeito em você: é raiva igualmente, mas o discurso não se desloca de você para o agressor. O que ele vai fazer é responsabilidade e maturidade dele.

EXERCÍCIO 10: Reserve uma hora para estar com uma pessoa (sem que seja um encontro amoroso) e deixe de lado todas as distrações possíveis – celular, livros ou TV –, interagindo com ela sem tirar o foco da interação. Observe seus desconfortos nesse processo e depois tome nota dos momentos em que sentiu a tentação de fugir da intimidade.

EXERCÍCIO 11: Crie maior coerência entre suas palavras, seus sentimentos e suas ações. Não queira parecer menos afetivo ou muito mais preocupado se aquilo não corresponde ao que acontece dentro de você.

EXERCÍCIO 12: Tente perceber se está caindo no triângulo "vítima-salvador-algoz". Cuide das pessoas de verdade, por elas. Pare de se perguntar o que pode tirar delas, ou de um favor que lhes fez, para seu benefício próprio.

PILAR 5: Fluxo de personalidade

"Eu sou a mudança viva e aberta"

Sabedoria, abertura e complexidade

Para quebrar o pacto com a sua rigidez, você precisa começar a fazer perguntas; não qualquer pergunta, mas questionamentos apropriados sobre a natureza da realidade.

O que eu vejo é o que é? Existe uma condição definitiva das coisas? As coisas mudam? Eu posso mudar? Se o meu olhar mudar, é possível que eu enxergue mais camadas? É possível ver sentido mesmo sem uma determinação fechada das coisas? Se eu mudar, as pessoas ao meu redor mudarão? Eu sou definido pelos meus gostos e preferências? Meu passado me define? Há uma identidade fixa e imutável? Sou uma pessoa só ou muitas que se conversam?

Quando o véu das convicções fechadas começa a cair, conseguimos ver uma pessoa agindo **para além dos extremos**. Isso vai provocar um medo inicial, pois o olhar determinístico sobre a existência de uma verdade final traz um conforto simulado.

Ao colocarmos os pés numa visão que enxerga além das aparências, notaremos uma perda de idealizações, afinal ninguém é perfeito, não há um salvador e não existe uma grande corporação malvada querendo acabar com o mundo. O que existe é uma teia de conexões sustentadas por narrativas que conferem um sentido provisório ao universo, portanto tudo é **flexível, alterável e impermanente**.

Na vida cotidiana, a pessoa flexível consegue **navegar pelos seus diferentes papéis** sem ficar asfixiada em nenhum deles. Ela não é advogada, enfermeira ou professora, apenas está navegando por aquela bolha de sentido que se alterará no momento seguinte. Nem quando o uniforme está no corpo ela se sente trancada, pois sabe que as relações hierárquicas são jogos sociais nos quais transita sem que aquilo a defina em absoluto. Consegue cumprir com a burocracia necessária afetando-se muito menos pelo cargo que ocupa. Por que tratar cada dia de expediente como o fim do mundo? Por que esquecer que seus colegas de trabalho são apenas pessoas como ela, que só estão trancadas em suas fixações e crenças definidoras?

Porém isso não confere um cinismo tóxico de quem zomba da escravidão alheia, e sim uma **compaixão** por inspirar os outros a sair desses scripts. Essa pessoa sabe **entrar e sair do personagem** sem que aquilo leve seu fígado embora. Pode liderar sem ficar deslumbrada pelo poder e ser liderada sem achar que vale menos por isso. Ela consegue entrar e sair do jogo da vida sem se definir, pois tem uma **autonomia emocional** que transcende os estereótipos sociais. Quando acha importante, ela dança; quando vê prejuízo, se retira do jogo, pois sem apego nada é sólido e definitivo.

Com isso, tem uma certa **ludicidade**, uma capacidade de brincar com a realidade, como se vivesse num grande sonho em que as imagens parecem sólidas, mas na prática são projeções da nossa mente. E isso amolece a noção de que há uma essência definitiva e deixa uma condição de provisoriedade libertadora. A própria mania que temos de definir e enjaular com adjetivos as pessoas perde o sentido: elas apenas estão (estado transitório), mas não se encerram ali, sempre mudam.

Esse **equilíbrio de posturas** não surge do nada, mas de um esforço constante para tolerar as próprias incoerências. Para cada decisão que vai tomar, a pessoa madura consulta a si mesma em suas múltiplas dimensões. Sabe que carrega em si forças caóticas e potentes, partes mais racionais e passionais, faces ousadas ou conservadoras. Seu posicionamento inclui sempre o impacto que vai gerar no ecossistema de pessoas significativas e outros. E, ainda assim, está pronta para mudar a rota, recuar, rever a própria postura com relativa **humildade**.

Sabe também que sua **visão de mundo é provisória e relativa** e que serve para aquele contexto específico, mas que não é a verdade última da vida nem funciona para todas as pessoas. Consequentemente, não está impondo-se ou defendendo-se, pois sabe que as pessoas não estão de um lado ou de outro, mas todas no mesmo barco, ainda que com perspectivas diferentes.

Sua **tranquilidade** vem do desapego, de poder acolher sem dominar. Sua visão de mundo não é a única nem a melhor, mas uma entre **tantas perspectivas**. Além disso, sabe fazer ponderações levando em consideração a perspectiva **relativa ou absoluta** do que vê, afinal nada se encerra em si mesmo, sem uma interdependência relacional.

Suas escolhas morais perdem o moralismo automatizado. A pessoa madura coloca suas escolhas num verdadeiro fórum de ética interna e pondera muitos lados da mesma moeda, tentando escapar de tabus estereotipados. Ao se posicionar num dilema impossível, seus desejos não ficam à mercê de impulsividade, fixações ou culpas.

Essa **sabedoria** é que lhe confere autoridade natural e certa serenidade no meio do caos, independentemente da posição que ocupe no seu meio social. Tenha ou não status, beleza, poder ou seguidores, ela pode oferecer sua perspectiva para abrir possibilidades às pessoas que a cercam.

Se você perguntar para uma pessoa madura como ela se define, provavelmente receberá um pequeno descritivo pessoal feito para tranquilizar a curiosidade alheia, mas no fundo ela saberá que qualquer traço fixo é só uma ilusão pessoal que mascara a nossa natureza **temporária e complexa**, que pode ganhar muitas formas dependendo da situação, sem que isso vire um utilitarismo perverso e conveniente.

Nome popular: Sr. Saraiva
Características centrais: fixação e rigidez
Pontos cegos: complexidade e flexibilidade
Contraponto: FLUXO DE PERSONALIDADE – sabedoria e abertura
Palavras-chave: solidez, projeção, acusatória, estereótipos, radicalidade, culpa, script, preconceito, rigidez, mente impositiva e falante, decisão inflexível, sabedoria, tranquilidade, humildade, ludicidade

PEQUENOS EXERCÍCIOS EMOCIONAIS

EXERCÍCIO 1: Experimente conhecer mais a fundo o que as pessoas pensam de verdade, não o que você gostaria de acreditar. Imagine que você é um ser de outro planeta que está de coração aberto para saber como as pessoas vivem, em que pensam, com o que sonham e precisa investigar as motivações mais profundas dos outros. Mas busque com curiosidade genuína, sem brigar com a realidade.

EXERCÍCIO 2: Imagine que você é outra pessoa e então pense que conheceu esse outro-você. Que conselho você daria para o problema que ele está vivendo? Que perguntas faria para ele pensar? Que sentimentos encontraria? Como poderia abraçar a dor dessa pessoa sem julgamentos pesados e ofensivos? Esse exercício ajudará você a aprender a tomar distância de si mesmo para se olhar com menos impiedade e mais compaixão. É na nossa dureza que perdemos grandes chances de um diálogo interno de qualidade e sem repúdio.

EXERCÍCIO 3: Liste os papéis que você está exercendo na sua vida. Agora, imagine que eles são personagens de um filme ou seriado. Que características distintas eles possuem? Do que gostam? Que sonhos nutrem? Marque bem claramente a diferença e depois veja em que pontos se conectam.

EXERCÍCIO 4: Relembre um momento da sua vida em que conseguiu sair de um grande problema sem criar confusão e sem acusar alguém de ser o culpado por todo o mal que lhe acontecera.

EXERCÍCIO 5: Pense num assunto que é a sua pedra angular, sobre o qual acha muito difícil mudar de posição, e faça uma brincadeira de imaginar como seria a sua vida se adotasse uma opinião um pouco diferente da que tem agora. Só experimente a sensação, não precisa julgar ou rechaçar a ideia; apenas fique em contato com esse lugar diferente.

EXERCÍCIO 6: Conheça seus valores e faça uma biografia deles. Construa uma linha do tempo e, em cada época, liste aquilo em que você acreditava. Ao fim, repare como as suas ideias sobre o mundo mudaram e perceba que talvez a sua visão atual possa ser tão provisória quanto as antigas o foram.

EXERCÍCIO 7: Experimente ter uma conversa com uma pessoa sem interromper sua fala, sem se contrapor ao que ela diz, sem criar tensão negativa ou inibir suas ideias. Pergunte, estimule o raciocínio da pessoa, provoque sentimentos de conciliação.

EXERCÍCIO 8: Liste os seus principais medos e tabus e depois tente ver como cada um deles o limita ou impede de viver melhor.

EXERCÍCIO 9: Um dos maiores desafios da postura rígida é estar diante de um fórum que possa opinar sobre o seu comportamento. Há uma veia autoritária dentro de todos nós que não quer ser exposta, ridicularizada ou confrontada. A rigidez é uma forma de bloquear os outros. Portanto, faça um exercício de exposição voluntária, busque feedback das pessoas e questione: "O que você teria a falar sobre as minhas características mais difíceis e como isso afeta você?".

EXERCÍCIO 10: Sorria para as dificuldades. Diante de problemas pessoais ou coletivos, temos uma tendência a olhar com preocupação sombria, como se na mudança só existissem problemas, dor e desastre. Sorrir para os problemas, não por sadismo ou por masoquismo, mas por um tipo de gentileza curiosa pelos efeitos da mudança, pode nos levar a refletir ou viver a partir de posições emocionais melhores. Se as mudanças são mensageiras de transformação, podemos sorrir para os problemas mesmo sem conseguir ver os desdobramentos deles, como um voto de confiança para o fluxo da vida.

EXERCÍCIO 11: Lide com mudanças, responda às seguintes perguntas com calma: o que eu vejo é o que é? Existe uma condição definitiva das coisas? As coisas mudam? Eu posso mudar? Se o meu olhar mudar, é possível que eu enxergue mais camadas? É possível ver sentido mesmo sem uma determinação fechada das coisas? Se eu mudar, as pessoas ao meu redor mudarão? Eu sou definido pelos meus gostos e preferências? Meu passado me define?

EXERCÍCIO 12: Escolha um problema que está atravessando e tente não culpar um agente externo por estar passando por ele. Como a posição de rigidez vai tentar afastar de si o peso de uma ação problemática, é possível que a culpabilização alheia tente desviar o trabalho de transformação resultante desse embate interno. Reflita sobre a sua porção de responsabilidade nesse conflito.

CAPÍTULO 12

Maturidade na vida cotidiana

> *A maturidade me permite olhar com menos ilusões,*
> *aceitar com menos sofrimento, entender com mais*
> *tranquilidade, querer com mais doçura.*
> **Lya Luft**

Espero ter deixado muito claro que tipo de problemas práticos a imaturidade pode causar e quais seriam os seus contrapontos. Mas o que podemos esperar de uma pessoa madura na vida real?

A história de Carol pode ajudar a ilustrar isso. Ela é uma mulher de 27 anos, com dois filhos pequenos que vieram de um relacionamento complicado com Henrique, um homem incrivelmente charmoso e inteligente, mas que, com o tempo, revelou ter uma personalidade bem problemática. A intelectualidade afiada dele foi desdobrando-se num comportamento amargurado, ranzinza e ressentido, em especial com a sua vida profissional. Sua dificuldade de se estabilizar no trabalho tinha menos a ver com seu talento e mais com sua postura pessoal intransigente e arrogante.

Esse cenário parecia o terreno propício para teorias conspiratórias. Na visão parcial e egocentrada de Henrique, era quase impossível enxergar que o mundo não estava num complô que desvalorizava sua genialidade. Por onde passava, seu jeito petulante criava problemas de relacionamento, mas, em sua perspectiva rígida, as pessoas deveriam se moldar a ele.

E o que Carol tinha a ver com isso? Durante muito tempo enquanto era casada com Henrique, ela precisou contornar seu humor instável e imprevisível. Enquanto ele compensou com o talento suas dificuldades de trabalho em equipe, conseguiu vitórias profissionais significativas, mas, quando se tornou um profissional caro e genioso, seu nicho de mercado se fechou e sua má fama passou a circular. Poucos meses depois, a fina película de estabilidade que lhe restava irrompeu em momentos de ferocidade e impulsividade, associados com maior consumo de álcool. A separação do casal foi inevitável.

Agora o desafio de Carol era redobrado, pois precisava equilibrar a carreira, o cuidado com os filhos e um ex-marido que oscilava entre autopiedade saudosista-romântica e desprezo vingativo. Ela estava sempre no limite das forças, mas parecia haver uma dignidade na gestão de toda a situação.

Ouvia histórias parecidas de algumas amigas que em pouco tempo entravam no jogo de manipulação de seus antigos parceiros e acabavam nivelando a relação por baixo. Apesar de seis anos de convivência nem sempre serem o suficiente para traçar um perfil completo de uma pessoa, Carol havia mapeado com sagacidade os pontos frágeis e fortes de Henrique e usou isso a favor de todos. Ela sabia que precisaria ter muita desenvoltura na condução da guarda compartilhada dos filhos e, se pensasse só em si mesma, provavelmente teria se afastado. Como tinha um projeto comum com alguém instável, entendeu que ignorar não era uma opção.

1. Lidando com problemas reais

Numa sociedade em que parece prevalecer a ideia de felicidade vinculada à diversão infinita e sem nenhum tipo de frustração, é muito difícil não associar maturidade com resolver abacaxis inconvenientes.

Qualquer pessoa adulta vai lidar com problemas de menor ou maior complexidade, aceitando ou não enfrentá-los. O teste real aparecerá em momentos de condições dramáticas, como algum tipo de privação, decepção, frustração, adoecimento ou morte, e vamos esperar que a pessoa madura:

- tenha equilíbrio emocional para gerenciar os sentimentos nos impasses;
- tenha capacidade de perceber a consequência de seus atos e lidar com ela;
- saiba sair da experiência crítica com novas resoluções, hábitos e sentidos pessoais;
- tenha razoável senso adaptativo para ter qualidade na vida pessoal, amorosa e profissional.

A condição de Carol e sua família reconstruída tinha um problema crônico e desafiador, que era manter o melhor tipo de interação com um ex-marido que não aceitava o término do relacionamento (talvez menos por amor genuíno e mais por orgulho e despeito). Ela decidiu que pararia de brigar com as circunstâncias, pois, na fase de transição do divórcio, notou o próprio desgaste emocional enquanto não aceitava que o pai de seus filhos era um homem desequilibrado.

A **aceitação** lhe deu uma nova atitude diante do quebra-cabeça infinito que tinha pela frente e lhe permitiu várias pequenas vitórias nas negociações jurídicas. Quando entendeu que conversava com um homem alterado, ela pôde falar sobre os problemas usando a ótica paranoica dele, sem ficar apelando a uma sanidade inexistente ou bufando por reações razoáveis que nunca viriam.

Essa **resiliência** não surgiu do nada. Carol estava muito centrada no seu objetivo e não ficou com dó de si mesma, pois os filhos dependiam dessa calma para obterem o melhor desfecho com o pai. Ao relatar suas conversas às amigas, elas incitavam um comportamento de guerra, mas, ao consultar seus sentimentos, ela sabia que as reações tresloucadas do ex-marido vinham de muita dor e cegueira pessoal. Em vez de se alimentar da raiva, buscava conectar-se com a dor de ambos, e, sem negligenciar as próprias necessidades, podia tolerar os dias difíceis sem se afogar no toma lá dá cá.

As pessoas de sua família diziam que ela estava submetendo-se a ele, mas aquele **sofrimento sereno** fez com que o ex-marido se desarmasse na hora de negociar os termos do divórcio. Carol se mostrou humana e ele cedeu à própria humanidade também. Era um jogo de xadrez que precisava de espaço emocional para fluir, e ela conseguia olhar com maestria para cada "jogada". Nos dias em que ele estava claramente puxando briga, ela procurava conversar sem decidir nada, e ao fim do dia admitia o cansaço de cada manobra, não fingia para si mesma que não estava exausta ou indignada, mas logo lembrava que o "adversário" não era um inimigo, e sim um homem que já havia amado.

Quando esquecia que ela própria tinha traçado seus rumos, acabava se revoltando e desesperando, mas respirava fundo e sabia que cada carta tinha sido embaralhada com a sua ajuda. Ao **assumir a responsabilidade** por cada ação pessoal, devolvia para si o protagonismo que a insuflava de energia.

As memórias não a deixavam mentir para si mesma: ela era perspicaz o suficiente para notar muito cedo que faltava um parafuso em Henrique, mas que ele sempre tivera disposição para ser um homem melhor. O que ela não previu foi que os reveses da vida poderiam tirar as condições favoráveis para esse esforço e que essa luta não vinha de uma motivação interna consistente. Tão logo o contexto mudou, ele não conseguiu se manter no barco da sanidade por mais tempo.

A capacidade de Carol de **formar espaço interno** diante do que acontecia permitia que ela tomasse decisões menos reativas, e travava um duelo interno para não ceder ao constante convite beligerante dele. Nas raras lacunas de tranquilidade, ela conseguia escrever uma ou duas cláusulas do acordo de separação, mesmo sabendo que seriam questionadas e revisadas nos dias ruins. Era preciso muita ponderação para não enlouquecer, e mais ainda para poupar os filhos de lidar com os respingos dessa tragédia.

2. Lidando com impasses cotidianos

Quando falamos de um problema, quase sempre achamos que se trata de uma coisa para resolver, mas essa é uma forma ingênua de ignorar que é de pessoas que estamos falando. **Todo problema que você tem implica pelo menos uma pessoa significativa na equação**. Pode pensar em qualquer um e verá que não se tratará apenas de resolver, mas de ter que encarar um embaraço com alguém. Até mesmo um eremita debate com as pessoas que carrega na sua imaginação.

Os problemas seriam mais fáceis de resolver se fossem entre máquinas, mas como implicam pessoas, no fundo carregam afetos inespecíficos, dores secretas, alegrias infundadas e desejos contraditórios; não são contas de soma ou subtração para robôs.

A maturidade se configura como um processo de sucessiva construção e desconstrução diante dos contextos que se formam no cotidiano. O Exército estadunidense precisou desenvolver novos conceitos para lidar com o cenário de Guerra Fria que se desenhou depois da Segunda Guerra Mundial. Os parâmetros que existiam no passado já não garantiam as diversidades do futuro; os destroços filosóficos, éticos, financeiros e sociais resultantes da empreitada nazista de Hitler mostraram para o mundo que nada mais poderia ser encarado da mesma forma.

Então surgiu um conceito que hoje é muito empregado em empresas e órgãos governamentais, o VUCA, um acrônimo em inglês para:

- **Volatilidade (*volatility*):** a mudança incessante em alta velocidade dos acontecimentos é a marca do mundo globalizado e conectado em que vivemos hoje.
- **Incerteza (*uncertainty*):** há mais imprecisão e incerteza do que no passado, e a ideia de linearidade temporal ou evolução constante é insuficiente para lidar com os desafios que surgem.
- **Complexidade (*complexity*):** quem adotar noções simplistas de causa e consequência vai deixar escapar uma infinidade

de variáveis fundamentais para uma tomada de decisão, em especial para contextos que envolvem agentes heterogêneos e divergentes num jogo de complexas teias de interesses.
- **Ambiguidade (*ambiguity*):** se na hora de analisar um acontecimento, você trabalhar com conceitos que se excluem mutuamente ou perspectivas unilaterais, vai perder uma boa fatia da realidade, pois o mundo globalizado adota narrativas concorrentes e concomitantes relevantes para uma decisão.

Eu sei, nós adoramos ignorar tudo isso na hora de casar ou comprar uma bicicleta, mas uma pessoa madura vai definir sua vida considerando, ainda que intuitivamente, muitos cenários possíveis. Ninguém é obrigado a pensar com tanta metafísica sobre a realidade, no entanto é impraticável uma investigação mais cuidadosa ignorando todo o enredamento implicado.

É mais simples fechar os olhos para a imprecisão, a impermanência, a variedade e a complexidade da vida, mas, na prática, quando precisamos lidar com eventos intrincados de vida e morte, certamente a ignorância não é uma benção.

Carol não tinha consciência dessa perspectiva de análise VUCA, mas a conexão que ela possuía com suas emoções lhe conferia uma sabedoria intuitiva que permitiu esse movimento mais subterrâneo (e amoroso) nas conversas com o ex-marido. Dependendo do momento do dia em que falasse com Henrique, podia receber uma resposta diferente da última conversa. Assim sendo, ela não contava com nenhuma previsibilidade **(volatilidade)**.

Toda vez que tentou firmar um ponto do contrato num dia de crise, aquilo era desfeito em seguida, pois, quando estava descontrolado e refratário por emoções caóticas, Henrique agia com revanchismo. Essa mudança era acompanhada de muita imprecisão, por isso Carol colocou na jogada uma advogada, amiga do casal, que os ajudasse a dialogar em termos jurídicos. Sim, aparentemente seria melhor um caminho mais impessoal de dois profissionais do Direito atuando numa situação clássica de litígio (interminável), mas Carol sabia que o ex-marido tinha apreço por essa amiga como uma balizadora de bom senso (era amiga de infância dele).

Toda vez que algo parecia muito impreciso **(incerteza)** ou difícil de esclarecer, eles usavam o fórum com a amiga para fechar o ponto e aquilo virava uma cláusula pétrea e momentaneamente intocável do acordo. De imprecisão em imprecisão, Carol avançava numa conversa menos intempestiva e com tópicos mais claros, que viravam premissas para discussões seguintes. Certa vez, Henrique achou que deveria poder visitar os filhos no momento em que bem entendesse, mas Carol, sabendo que ele não era razoável nos seus critérios, recorreu a um consenso anterior de que as crianças precisavam de previsibilidade na rotina e ele próprio admitiu ter uma agenda mais caótica. Para isso, recordou a vez que ele buscou as crianças na escola sem avisar ninguém nem dar o paradeiro de todos.

Se o contexto era caótico, as coisas se apimentaram um pouco mais quando a mãe de Henrique começou a se indispor com a nova namorada do filho e recorrer a Carol (com quem se dava bem) para intermediar os conflitos. Sua ex-sogra confiava mais nela do que no filho, mas isso engrossava ainda mais a teia de **complexidade** que ela precisava administrar. A nova namorada do ex-marido era tão instável quanto ele, mas de um jeito diferente, plena de vivacidade e desejos, mudando a agenda dele constantemente. Quando ele estava bem com a namorada, as conversas do litígio seguiam melhor, mas, quando estava mal, Carol precisava acalmar os ânimos do ex-marido, da ex-sogra e, indiretamente, da nova integrante da bagunça.

Carol escolheu o caminho mais longo, mas com a certeza de que teria resultados mais sólidos do que se escolhesse a trilha mais curta que suas amigas aconselhavam.

Henrique se debatia em suas várias facetas: a vontade de ser um bom pai brigava com seus desejos juvenis insatisfeitos, o compromisso de estar presente na vida dos filhos se chocava com o ressentimento do casamento fracassado. Na cabeça dele, a quantidade de **ambiguidades** virava uma lista infinita de dilemas, e, para desembaraçar os acordos, Carol tinha que decifrar esses pequenos enigmas.

O lado bom dessa história é que, depois de quase um ano de vaivém, conseguiram uma definição minimamente satisfatória e que permitiu a Carol reduzir o contato com o ex-marido.

Quando não abraçamos a noção de volatilidade, incerteza, complexidade e ambiguidade nos nossos planos, é mais difícil viver os cinco pilares de **visão global (espaço interno), estabilidade emocional (tempo de ação), fluidez (equilíbrio emocional), presença (conexão relacional) e sabedoria (fluxo de personalidade)**.

3. Lidando com pessoas difíceis

Não existem pessoas difíceis; são sempre as relações que são complicadas. É claro que existem pessoas com posturas que tornam difícil o relacionamento com elas, mas é sempre no tecido relacional que os problemas acontecem.

As relações difíceis surgem dos lugares emocionais que habitamos para nos relacionar com alguém, do cruzamento de visões distorcidas, de pontas soltas e do confronto das vontades.

Lembro-me de um dos primeiros adolescentes que atendi, no ano de 2005. A mãe trazia uma queixa de comportamento retraído, e, na sala de espera, ao lado dela, o comportamento do garoto era tímido e cabisbaixo, mas, quando entrava na sala de terapia, começava a falar como um leão, cheio de opiniões fortes sobre o mundo. Nosso trabalho foi encontrar um ponto de equilíbrio entre os estereótipos que ele havia criado nas diferentes relações.

Ninguém é maluco, falso ou hipócrita por ter muitas versões de si mesmo; existe um centro de gravidade móvel da personalidade no qual orbitam todas as nossas facetas. Em cada dinâmica de relacionamento, evocamos um lugar emocional que vai ao encontro daquela pessoa, como se cada pessoa tivesse um espaço só dela dentro de nós.

Nesses lugares emocionais específicos, temos posições próprias que se desdobram com cada pessoa e só elas conseguem tocar. É a famosa piada interna, da qual só os envolvidos conseguem dar risada.

A construção da intimidade é feita de microtestes, com entradas e saídas checadas ao longo do tempo. Existem pessoas cuja entrada é fácil e outras que são labirínticas. **As pessoas difíceis passaram por vivências que tomaram delas a capacidade de livre trânsito emocional**, a ponto de elas terem perdido o caminho de casa. Involuntariamente criaram barreiras para que ninguém se sentisse confortável em sua presença e não se atrevesse numa aproximação dolorosa.

Meu antigo vizinho era uma dessas pessoas; um homem tão machucado pela vida que se enclausurou numa bolha de paranoia e compulsões. Vivia trancado numa casa literalmente caindo aos pedaços e absolutamente inacessível para qualquer um.

Morávamos em uma vila de quatro casas em que duas eram inabitadas aos fins de semana. Por anos esse vizinho viveu sozinho e conspirando contra invasores malévolos. Bolei todo um sistema de segurança ao qual ele tinha acesso, e então compartilhávamos as nossas impressões sobre a segurança da comunidade.

Fui atraído por ele imediatamente quando o vi pela primeira vez andando cabisbaixo, com roupas sujas e barba por fazer; tenho um gosto peculiar por pessoas estranhas. Quando nos tornamos aliados, eu aproveitava para conversar, falar sobre a vida, suas preocupações e dilemas. Aquele homem impenetrável talvez tenha compartilhado ideias que jamais teria coragem de dividir se não fosse minha postura totalmente desarmada.

Com o passar do tempo, entendi que o melhor jeito para se aproximar de pessoas refratárias é se apaixonar exatamente por aquilo que se considera bizarro ou repugnante. Nem todos precisam fazer isso, em especial quando isso evoca temáticas pessoais dolorosas, mas, toda vez que vejo uma pessoa impenetrável, sei que isso também me revela; **a dificuldade dos relacionamentos é sempre de mão dupla**.

Se alguém parece difícil, gosto de investigar os meus limites nessa dinâmica, e tomo essas histórias para conhecer mais sobre as minhas vulnerabilidades e me arriscar a desenvolver boas relações improváveis. Claro que tenho limitações: não forço a barra para gostar de todas as pessoas "cascas de ferida" do mundo, uma vez que sou muito sensível a rejeições extremas, mesmo quando fico magnetizado por indivíduos difíceis.

Projetos compartilhados e divergências de personalidade

Seria muito lindo se todos concordassem com as mesmas coisas e se alinhassem perfeitamente, certo? Errado, pois cada pessoa, mesmo os gêmeos siameses, se desenvolve de forma singular, e é isso que enriquece a diversidade humana.

Quando duas pessoas maduras resolvem se alinhar, precisam abandonar idealizações de união absoluta, pois mesmo quando concordam terão dificuldade.

Qualquer relação que não tenha margem de manobra é frágil e escravizadora para os dois lados. Para gerenciar conflitos de interesse, precisamos criar um lugar de convergência mesmo na divergência, e de divergência na convergência. Não há similaridade plena, nem mesmo nas relações mais sincronizadas.

Se cada pessoa parte de um histórico pessoal, com valores ensinados e outros vividos (reveja o capítulo 2), então é preciso contemplar essas várias camadas na hora de harmonizar um impasse.

Eu sou uma pessoa introvertida e guiada por uma visão mais filosófica da vida, então preciso ser cuidadoso para não achar que a via reflexiva é a única maneira como os outros podem se sintonizar; alguns preferem sentir e outros querem fazer.

Observar os padrões de comportamento dos outros pode dar uma ideia do tipo de engrenagem que eles usam para resolver conflitos. Existem perspectivas diversas, e é a partir desse lugar que cada pessoa terá propriedade para discursar usando como base as suas experiências. Dos pontos divergentes, caminhamos para os convergentes até criar um espaço para mais interlocução.

E o que fazer quando **discordamos completamente** de alguém?

Nós não discordamos da pessoa, mas da construção que ela fez em torno de um ponto, e o respeito pelo direito à crença é a base na qual uma conversa difícil começa. Um ateu pode discordar das crenças religiosas de alguém, mas não do seu direito à crença.

Lembro-me de um rapaz que me procurou preocupado com a mãe, que estava cada vez mais dedicada e fanática, em suas palavras, por um grupo filosófico-religioso que ele chamava de seita. Esse grupo era liderado por um casal que pregava coisas como "a verdade de ser quem você é". O problema é que isso custava muito caro e, quanto mais a mãe estudava, mais dinheiro investia, e sua vida girava em função da seita. Ela se afastou de todas as pessoas que não se alinhavam à nova crença, e o filho estava incluído nesse grupo.

Para que ele pudesse se aproximar da mãe, precisou reconhecer que ela tinha o direito às suas crenças, mesmo que ele discordasse completamente de cada vírgula. Depois, precisou reconhecer os benefícios que ela encontrara, na perspectiva dela, para então admitir a tristeza de perder a mãe idealizada.

A mãe que ele queria de volta era passiva e com pouca motivação; as pessoas se aproveitavam de sua boa vontade para obter favores e benefícios que a prejudicavam. Talvez naquela "seita" ela continuasse submetida aos líderes (tinha apenas deslocado sua submissão), mas conquistara uma autonomia e um senso de valor pessoal que não existiam.

O próprio filho percebeu que ele estava bravo por ter perdido território de dominação sobre a mãe e já não conseguir fazer o jogo do salvador. Depois de alguns anos, ele me mandou mensagens contando que ela já estava menos "fanatizada" e tinha senso crítico sobre o lugar que frequentava.

É mais habilidoso olhar para os relacionamentos de um lugar menos estático, como "não concordo com você", e mais dinâmico, como "uma parte de mim ou o meu modo de ver tem dificuldade em se relacionar com sua forma de se expressar". A discordância sai da pessoalidade tóxica, que nos reduz às nossas opiniões, e vai para a colisão de diferentes lugares emocionais de onde as pessoas se expressam.

Ao adotar essa perspectiva, conseguimos ganhar espaço mental para nos relacionarmos, mesmo na divergência; a partir daí é um jogo de xadrez em que você decide se vai ou não movimentar as peças. A ressalva é que **não há nenhum relacionamento difícil que escape do inevitável esforço para modificar as nossas próprias posições emocionais**.

Quanto mais você amadurecer, mais conectado estará com as suas próprias emoções e com as pessoas que o cercam, o que o levará inevitavelmente à percepção final de que não há um eu e um outro, de que a interdependência absoluta é o que compõe o tecido das relações. Somos uma teia global e complexa de sentido, e a tomada de consciência desse último ponto é que nos permite uma exploração contínua e única para integrar com mais profundidade os cinco pilares da maturidade. Para relembrar:

1. **ESPAÇO INTERNO – Visão global e compaixão** opondo-se à parcialidade e ao egocentrismo
2. **TEMPO DE AÇÃO – Estabilidade emocional** no lugar de imediatismo e reatividade
3. **EQUILÍBRIO EMOCIONAL – Fluidez, gerenciamento emocional e integração afetivo-intelectual** em vez do descontrole emocional
4. **CONEXÃO RELACIONAL – Presença, liberdade e entrega** em vez de jogos de poder, controle e manipulação
5. **FLUXO DE PERSONALIDADE – Sabedoria, abertura e complexidade** no lugar de fixação e rigidez

Boas manobras para lidar com as emoções difíceis

No capítulo 5, falei sobre manobras imaturas que usamos para lidar com o sofrimento. Agora, vamos entender que alternativas mais maduras teríamos diante dos impasses da vida.

Abertura

É quando você se deixa tocar pela emoção correspondente ao evento, se abre para o que ela quer comunicar e assim dá sentido ao que parecia insuportável. Imagine-se diante da morte de uma pessoa querida: em vez de ficar criando emoções secundárias e subterfúgios comportamentais (como brigar com os médicos, culpar a doença ou se apegar a debates sobre herança), você vai se abrir para lidar com a tristeza e todas as implicações que ela trouxer.

Altruísmo

Quando você transforma a dor em ação benéfica, consegue canalizar a correnteza de padecimento para um sentido humanitário. Alguém que perdeu um ente querido pode dedicar-se a ajudar outras pessoas que atravessaram o mesmo como uma forma de diluir o impacto doloroso sem negar a própria dor. Ao mesmo tempo que encaminha a própria condição mental para outro nível, pode ajudar a aplacar a agonia de outras pessoas.

Antecipação

Tentar se antecipar é um bom jeito de estar precavido a respeito de situações que se apontam no horizonte e preparar as condições internas para um embate emocional mais trabalhoso. Ao saber que alguém querido está doente, podemos nos antepor aos desdobramentos, imaginando alternativas, soluções possíveis, cenários adversos, para enfrentar o problema quando ele realmente aparecer. É diferente da ansiedade aflitiva que *cai antes do tiro*, pois inventa desdobramentos catastróficos sem nenhuma base de realidade, além de especular cenários de forma difusa e dramática sem se preparar para nada.

Atravessar

Em muitos momentos não conseguimos pausar a vida para contemplar uma emoção difícil, então seguimos agindo sem nos escondermos do sofrimento. Lembro-me de uma mulher que estava prestes a dar à luz e recebeu a notícia de que seu próprio pai falecera enquanto ela entrava em trabalho de parto. Não é possível interromper o processo, então nessa hora ela precisou tomar a força necessária para trazer o filho ao mundo ao mesmo tempo que manobrava o impacto do falecimento do pai. Ela não fugiu da dor da perda, mas priorizou a vida que estava chegando. Foi como se atravessasse um nevoeiro de emoções opostas, caminhando devagar, podendo ficar esvaziada pela tristeza enquanto se enchia de alegria. Atravessar é poder sentir uma emoção ou fase difícil alternadamente com uma realização que segue exigindo ação e engajamento imediatos.

Autoafirmação

Quando uma pessoa começa a afirmar para si mesma as emoções que já enfrentou e as qualidades que tem, a se lembrar das vitórias do passado e dos dilemas que resolveu, consegue fortalecer a autopercepção para encarar um momento difícil. É como se você evocasse a si mesmo como aliado e a situação perdesse o peso desastroso e dramático.

Extravasar

Celebrar ou chorar copiosamente podem ser maneiras de externar as emoções com mais força. Quando algo muito bom pode ser festejado ou uma demissão pode ser lamentada com choro, conseguimos evocar a carga emocional com intensidade, de modo que a mensagem subterrânea sobre algo importante que acontece no mundo interior chegue claramente.

Humor

Dizem que rir é o melhor remédio. Sim, quando não tem como efeito alienar ou criar dor sobre os outros. O humor é um jeito de suavizar certos pesos da vida, quando encontramos uma perspectiva diferente que alivia a tensão. Naquela situação de luto em que a mãe do recém-nascido tem que lidar com a morte do próprio pai, ela pode lembrar-se do que o pai diria a ela e rir com os seus conselhos imaginários, do tipo: "Me deixa morrer em paz e cuida do meu neto. Ele nasceu com a minha cara numa versão bonita".

Respirar emoção

A tradição de contar até dez é uma forma popular de descrever a tomada de tempo psicológico para não reagir imediatamente a uma demanda. É quando não corremos do sofrimento, mas permanecemos observando a maneira como as emoções se passam internamente, ouvimos o que elas estão nos dizendo, respirando profundamente várias vezes, até decantar toda a confusão e tomar uma posição.

Suspensão

Sabe quando colocamos uma questão dolorosa na prateleira para nos debruçarmos sobre ela mais adiante? Não é negar que tenhamos uma dívida ou reprimir a vergonha de estarmos em débito, mas sim ignorar voluntariamente a pendência para poder trabalhar com tranquilidade, juntando o dinheiro que pague o valor total. É aquela parada das férias, em que se cria uma ilusão de normalidade para ganhar energia, diversão e relaxamento e depois lidar com o sofrimento em condições melhores.

Transcendência

Ao nos elevarmos acima de nós mesmos, conseguimos um espaço psicológico para caminhar entre o caos, buscar novas perspectivas e direcionamentos para a própria dor. Em vez de alimentar a raiva, podemos usá-la para obter potência pessoal; em vez de desaguar em autopiedade, usamos a tristeza para valorizar aquilo que é preciso na vida e nos conectarmos com as pessoas. Transcender pode ter um caráter espiritual, mas todo ato de elevar a própria perspectiva para além do cenário usual é uma forma de transcendência.

CAPÍTULO 13

Maturidade ao longo da vida

Completamente despreparados, nós damos o passo em direção à tarde da vida. Pior ainda, nós damos esse passo com o falso pressuposto de que as nossas verdades e os nossos ideais vão nos servir como nos serviram até hoje. Mas não podemos viver na tarde da vida de acordo com o programa da manhã da vida. Para o que foi ótimo na parte da manhã será muito pouco à tarde, e o que de manhã era verdade, na noite terá se tornado uma mentira.
Carl Gustav Jung

Quando pensamos que amadurecer é um processo linear é porque partimos da ideia de que a personalidade é uma dimensão sólida e passiva, como um castelo no qual só acrescentamos andares. Porém, se pensar que a personalidade é um conjunto de identidades mutáveis para lidar com o mundo, você verá que o amadurecimento acontece em ciclos de idas e vindas, de **transpor e incluir** camadas anteriores. Fica bem fácil entender isso na adolescência, quando tudo aquilo que aprendemos na infância é questionado, rechaçado e até hostilizado, e anos depois acabamos reincorporando o que foi rejeitado.

Nossa biografia pode nos ajudar a pensar nesses ciclos, que são sempre modificados pelo contexto, e vamos perceber que nem sempre a cronologia emocional ocorre de acordo com a idade. Há pessoas que já nascem "velhas" e outras que nunca avançam emocionalmente.

Fase de base
Afirmar habilidade básica (até os 12 anos)

Quando uma criança se expressa, do nascimento à adolescência, toda a jornada de amadurecimento tem o objetivo de construir um repertório híbrido emprestado dos cuidadores. É como se eles fossem um ego auxiliar em que as crianças se despejam como uma massa moldável para articular aos poucos suas próprias características.

Obviamente os pais não determinam por completo como a maturidade vai se compor, mas dão grandes possibilidades de uma maior ou menor manifestação de autonomia, conexão, visão de mundo, empatia e lucidez.

Alguns casais que trazem muitas pendências emocionais podem projetar em seus filhos uma carga emocional densa e ser âncoras que os impedem de amadurecer, tornando a travessia da criança mais trabalhosa, pois ela pode ser **infantilizada perpetuamente ou adultizada precocemente**.

Essa etapa inicial vai proporcionar o primeiro conjunto de peças psicológicas com as quais nos debateremos ao longo da vida, o que criará maiores ou menores desafios com o tempo. Diferentemente das pessoas que tiveram um suporte emocional primário, as que viveram em bases frágeis precisam se esforçar mais para criar essas peças sem que isso inviabilize o florescimento.

Fase de reciclagem
Rebater o passado (13 aos 20 anos)

A adolescência é a primeira crise maturacional consistente na vida, em que vem o solavanco emocional que ninguém esquece. Toda a revolução hormonal coloca os jovens num impasse entre a moral familiar adotada até então e os desejos mais primitivos. Nessa fase, as grandes diferenças com os pais se evidenciam e inflamam, para o bem dos dois lados. Agora os adolescentes precisam delimitar melhor o que até então era um trânsito livre e indiferenciado de pensamentos, sentimentos e comportamentos, e os territórios entre o indivíduo e a família começam a ganhar contornos distintos.

Naquele baú em que os pais depositaram todos os seus sonhos e frustrações começa a surgir uma alfândega emocional firme, onde o jovem bloqueia o que antes entrava sem filtro. Os novatos costumam esbravejar que os pais são ultrapassados e erraram em tudo, mas essa é só a maneira que encontram para legitimar ou dispensar aquilo que aprenderam em casa.

Fase de enquadramento
Adequação social (21 aos 30 anos)

Essa fase é especialmente emblemática no processo de amadurecimento emocional. É quase uma reedição da primeira fase, mas tomando a cultura e a sociedade mais ampla como o fio condutor da própria relação com o mundo. Como os pais deixaram de ser os balizadores dos filhos, outros adultos significativos começam a ser modelados para a própria noção de sucesso, bem-estar e felicidade.

É como se a desilusão da adolescência reencontrasse fôlego em novos parâmetros de comportamento. Agora a esperança é ter uma identidade própria a partir de uma exploração personalizada e menos massificada.

Os ideais de felicidade são desenhados num período em que existe muita energia física disponível com pouca sofisticação emocional. As primeiras escolhas da vida adulta são feitas nesse período, e todo o investimento emocional costuma ser depositado na vida profissional e amorosa.

Fase de desconstrução
Desconstrução decepcionada (31 aos 37 anos)

Praticamente dez anos se passam desde as primeiras escolhas significativas, e aí surge a cobrança de resultado das próprias decisões.

Semelhantemente ao que acontece na adolescência, ergue-se um novo desapontamento com os scripts adultos disponíveis; os sonhos de liberdade e revolução se reduziram a uma vida estável e previsível. Muitas pessoas estacionam nessa fase, seja como modelo a ser atingido, seja como vivência irrefletida, afinal nossa sociedade desenhou essa etapa como o topo das possibilidades aspiracionais disponíveis.

Para muitos ainda surge um tipo de inconformação que vê os modelos como menos sólidos do que se esperava. As relações pessoais não trazem a satisfação necessária para acalmar as idealizações românticas de revolução.

Essa fase costuma soar como um *mix* de hiperprodutividade profissional utópica (como quem dá tudo de si na reta final) com uma apatia desiludida, pois nem mesmo a noção mais ajustada de sucesso é capaz de aplacar os anseios de felicidade genuína.

Como não consegue admitir que já não tem mais fôlego para recomeçar, a maior parte das pessoas ainda se debate, querendo uma grande virada existencial, mas permanece condicionada por apego às conquistas individuais e familiares. A maioria delas se mantém distraída e girando a roda da vida, como reedições infinitas de um hedonismo consumista e compulsório.

Fase de reenquadramento
Retomada de definições (38 aos 50 anos)

Esse é o primeiro grande divisor de águas em termos de amadurecimento emocional, pois é possível seguir no mesmo ciclo rígido de personalidade, bem parecida com o "tiozão do pavê", ou romper com esse percurso numa versão mais complexa e capaz de sustentar até indefinições pessoais. Ninguém gosta de admitir que virou essa caricatura social cheia de frases prontas e conselhos estereotipados sobre como ter uma vida boa (que a própria pessoa não aplica).

Até existe um ponto aqui e ali das próprias escolhas do qual se orgulhar, mas o sentimento de que não fomos tão ousados grita forte.

Algumas pessoas se ressentem de como conduziram a vida e podem reeditar cenários de segurança ao resgatar laços familiares ou amizades abandonadas na tentativa de reencontrar alguma base mais previsível e segura no seu passado.

Os divórcios são frequentes nessa fase, em que a convivência conjugal costuma ser vista como a culpada pela personalidade enrijecida, quando a perda de libido na verdade é resultado de pouca exploração emocional.

Nessa etapa podem começar a crise de meia-idade e uma tentativa desesperada de maquiar velhas-novas definições em um comportamento "desconstruidão". A pessoa que passou a vida inteira acumulando uma pilha de fixações emocionais agora insiste em manter uma postura emocionalmente rígida, mas com o discurso de "não se definir".

É compreensível, pois a bifurcação alternativa não é muito nítida. Existem poucos apontamentos no campo da Psicologia para esse momento: a maior parte das leituras é de ordem espiritual e deixa um caminho tão solto que até práticas que flertam com um misticismo barato acabam servindo como guia pessoal.

Quem realmente consegue se expor a possibilidades mais abertas, flexíveis e multifacetadas descobre uma realização controversa de indefinições, podendo se envolver, amar e produzir sem ser asfixiado pela necessidade de vencer, acertar ou ganhar o "jogo do feliz" (aquele das redes sociais).

Fase de liberdade
Desconstrução final (51 anos em diante)

Nessa fase é possível que o caminho varie bem pouco se a pessoa não tolerou uma fresta de incerteza e indefinição. O envelhecimento sem sabedoria é a estrada mais curta para a atrofia emocional, com o típico congelamento temporal que se repete: "No meu tempo de garoto aconteceu...", e nada mais teve significado.

O hedonismo que antes era canalizado para elevar as emoções ao máximo de euforia vira uma nostalgia estranha, mesclando uma versão meio excêntrica de si mesma com outra meio hipocondríaca-ranzinza. A maior parte das pessoas mais velhas sustenta seus vínculos sociais estimulando a dependência financeira, por ter acumulado muito (mesmo sem usufruir), ou apelando à piedade pelo seu sofrimento.

Qual é o desafio? A imagem do velho sábio está longe de ser comum, pois a maioria das pessoas tende a envelhecer com menos espaço mental, equilíbrio emocional, conexão relacional e fluxo de personalidade.

Entretanto, quando encontramos uma pessoa que envelheceu com plenitude e maturidade emocional, é bonito presenciar os lances de saudosismo, mas como mero recurso de conexão com quem escuta. Essas pessoas dizem "Na sua idade eu fiz tal coisa" não porque estão presas, mas para inspirar os mais jovens a acreditar que há um caminho de descobertas pela frente.

Quem acessou uma trilha emocional rica segue lúcido, espirituoso, cheio de vitalidade e com uma curiosidade humana pulsante. Consegue até mesmo amar seus defeitos sem culpa ou autoacusação.

É raro ver esse tipo de pessoa ficar socialmente desamparada, pois ao longo da vida criou uma rede de contatos com motivações muito promissoras que continua sendo uma fonte de possibilidades intelectuais, sociais e humanitárias.

No auge da fragilidade física, é possível ver alguém que sorri sem medo e se emociona com charme, pois não perdeu a conexão com a preciosidade da vida. A morte não assusta essa pessoa, pois nunca foi uma desconhecida; ela viveu conectada com a transitoriedade, como se pudesse partir a qualquer minuto, sem deixar pendências no caminho.

Se uma vida pôde fluir cheia de complexidade, estabilidade emocional, presença e amplidão mental, então certamente arrastou consigo muitas outras pessoas magnetizadas pelo seu carisma e pela sua senioridade.

Rubem Alves, psicanalista, educador e poeta da simplicidade diária, disse: "Eu quero desaprender para aprender de novo. Raspar as tintas com que me pintaram. Desencaixotar emoções, recuperar sentidos".

Conclusão

Se você chegou até aqui, eu espero de coração que tenha absorvido a ideia de que a maturidade emocional não é uma escalada, como um gráfico que sempre sobe, mas um processo que se aprofunda, se amplia e torna a sua maneira de viver mais robusta e interessante.

Ao amadurecer, você melhora o espaço mental para olhar para dentro e para os outros; ganha mais tempo emocional para gerenciar suas reações com propriedade e estabilidade; amplia sua presença no mundo e se conecta com os outros sem cair em jogos emocionais; flui com mais abertura e sabedoria na sua personalidade; e vive leve e sem desequilíbrios nas emoções.

Agora você tem um pequeno guia em mãos para não temer sua vida emocional, pois já não vê aqueles antigos tabus que pregam que as emoções são sinais de fraqueza ou descontrole.

Também já entendeu que as emoções são construídas ao longo da vida, muito além do que as pessoas dizem, e fundamentalmente pelo convívio com nossos familiares.

Agora você tem um glossário das principais emoções que vivenciamos e como lidar com elas, e também percebeu que fugir do gerenciamento emocional usando truques baratos não resolve problemas.

Além disso, entendeu como a imaturidade pode transformar-se em cinco pilares de florescimento humano.

Mas ainda restou uma pergunta fundamental que não fizemos: **poderíamos esperar um mundo melhor com pessoas emocionalmente mais maduras?**

Eu tenho certeza de que sim, por um motivo simples: quando olhamos para o mundo e identificamos alguns países que desenvolveram um ou outro ponto dos cinco que descrevi, conseguimos notar que esse cuidado teve um impacto positivo na qualidade de vida e até na economia. Exemplificar ajudará nisso.

Num país como o Butão, localizado entre a China e a Índia, há uma preocupação legítima que emerge da população e se reflete nos governantes usando o índice de "Felicidade Interna Bruta" como parâmetro, ou seja, há uma perspectiva de florescimento humano determinando as políticas públicas. Apesar de ser uma das menos desenvolvidas do mundo, baseada em agricultura de subsistência, a economia do Butão foi a segunda que mais cresceu no planeta em 2007. Mas até isso surpreende, pois não é o PIB que define o marcador de crescimento, e sim uma série de itens, como inclusão social na educação e na saúde, equilíbrio entre jornada de trabalho e lazer, preservação de valores culturais, resiliência ecológica e todo esse desenvolvimento sustentável, garantindo uma boa governança e vitalidade comunitária.

Esse ambiente é muito estimulante para os cinco pilares da maturidade emocional – ganhar espaço interno, tempo psicológico de reação, equilíbrio emocional, fluxo de personalidade e conexão com relacionamentos de qualidade.

Outros países no mundo, à medida que cultivam inclusão social, senso de pertencimento e equilíbrio financeiro, certamente podem fomentar caminhos propícios para o amadurecimento emocional. O incentivo da maturidade emocional pode ajudar as pessoas a fazer escolhas pessoais e coletivas (e até políticas) com critérios mais sólidos do que ensina a emocionalidade barata e populista a que estamos habituados.

A maturidade emocional, ao ser colocada no horizonte de desenvolvimento pessoal, causaria uma lenta e profunda transformação social no mundo em que vivemos. Nossa forma de viver, trabalhar, nos divertir, cuidar de nós e dos outros teria um colorido mais profundo. Lidaríamos de outra maneira com o mal, pois ele não estaria colocado no campo da moralidade, lá longe e fora de nós, e sim no nosso campo interno, como resultado de nossas antigas contradições emocionais.

Quando você se familiarizar com seu mundo interno e souber manejar desejos estranhos, pensamentos indevidos e emoções obscuras, certamente será menos manipulável por modismos tolos, pensamento de manada e ondas coletivas que tentam tirar seu senso crítico. E vale reforçar: isso não significa que você não saberá rir e se divertir nem que ficará passivo, achando tudo lindo, mas que não será facilmente captável por paranoia ou alienação social.

À medida que você amadurece, não existe mais um antagonismo entre cuidar de si e dos outros, egoísmo ou altruísmo; você pode ter uma perspectiva de crescimento equilibrada entre atividades individuais e comunitárias. Com isso, suas ações no mundo ganham uma temporalidade diferente, não sendo nem intempestivas e radicais, como é comum numa perspectiva imediatista, nem amarguradas e cínicas, como as de quem se tornou rígido com certezas definitivas. Você poderá ter a vitalidade do engajamento social e a sabedoria de buscar resultados de longo prazo, pois, para quem amadureceu de fato, o mundo é um projeto coletivo que transcende a colheita pessoal. Você planta e incentiva a sustentabilidade de uma vida que não lhe pertence completamente.

É possível não se tornar uma pessoa implicante, enfadonha ou extremista quando a perspectiva de vida amadurece, mesmo encarando dores pessoais e coletivas pela frente. A perspectiva de mutabilidade contínua da vida e da morte cria uma forma única de viver, amar e sofrer, de modo que é possível abraçar todos os paradoxos e contradições humanas, ter compaixão genuína e um canal aberto para sorrir mesmo diante do caos.

Na maturidade, se todas as emoções forem colocadas a serviço da sabedoria nas relações, o mundo será um lugar mais aconchegante, e nós seremos os anfitriões que tecerão essa rede sutil de felicidade genuína.

Livros e vídeos de interesse correlatos

ANDOLFI, Maurizio. *A terapia de família multigeracional*: instrumentos e recursos do terapeuta. Belo Horizonte: Artesã, 2018.
BARRETT, Lisa Feldman. *You Aren't at the Mercy of Your Emotions – Your Brain Creates Them*. TED.com. Disponível em: https://www.ted.com/talks/lisa_feldman_barrett_you_aren_t_at_the_mercy_of_your_emotions_your_brain_creates_them?utm_campaign=-tedspread&utm_medium=referral&utm_source=tedcomshare. Acesso em: 30 ago. 2020.
BERNE, Eric. *Os jogos da vida*. Rio de Janeiro: Artenova, 1974.
BOWLBY, John. *Cuidados maternos e saúde mental*. 6. ed. São Paulo: WMF Martins Fontes, 2020.
COELHO, Maria Claudia; REZENDE, Claudia Barcellos. *Antropologia das emoções*. Rio de Janeiro: Editora FGV, 2015.
COZOLINO, Louis. *The Neuroscience of Human Relationships*: Attachment and the Developing Social Brain. 2. ed. Nova York: W. W. Norton & Company, 2014.
DALAI LAMA; EKMAN, Paul. *Emotional Awareness*: Overcoming the Obstacles to Psychological Balance and Compassion. Nova York:

Times Books, 2008. [Ed. port.: *A linguagem das emoções*. Lisboa: Lua de Papel, 2011.]

DAMÁSIO, António. *A estranha ordem das coisas*: as origens biológicas dos sentimentos e da cultura. São Paulo: Companhia das Letras, 2018.

JINPA, Thupten. *Um coração sem medo*: por que a compaixão é o segredo mais bem guardado da felicidade. Rio de Janeiro: Sextante, 2016.

MATURANA, Humberto; VARELA, Francisco. *A árvore do conhecimento*: as bases biológicas da compreensão humana. 8. ed. São Paulo: Palas Athena, 2001.

MORIN, Edgar; VIVERET, Patrick. *Como viver em tempos de crise?* Rio de Janeiro: Bertrand Brasil, 2013.

RICARD, Matthieu. *A revolução do altruísmo*. São Paulo: Palas Athena, 2015.

ROSENBERG, Marshall. *Comunicação não-violenta*: técnicas para aprimorar relacionamentos pessoais e profissionais. São Paulo: Ágora, 2006.

WILSON, Timothy D. *Redirect*: Changing the Stories We Live By. Nova York: Little, Brown Spark, 2011.

Agradecimentos

Ninguém escreve um livro sozinho, então queria agradecer à Juliana Guisilin, parceira de vida, que foi a retaguarda fundamental para que eu pudesse escrever esta obra no meio de uma pandemia, enquanto revezávamos os cuidados da casa e da família. À minha filha Nina, por ser uma fonte de ressignificação constante de maturidade. À minha mãe Suely, por ter me inspirado no caminho das letras, e aos meus sogros Joaquim e Marisa, por todo o suporte.

À Editora Planeta, na figura de Felipe Brandão, que me deu a segurança de colocar minhas formulações psicológicas sobre maturidade em ação. Este livro já vinha sendo rascunhado havia pelo menos cinco anos e abordado em workshops sobre o assunto, mas foi executado e finalizado no meio da quarentena da pandemia da Covid-19, nas madrugadas de domingo, para afetar o mínimo possível toda a engrenagem da casa. Sem o prazo da editora, eu não teria materializado nada.

Também às pessoas queridas Gabriela Lima, Eduardo Amuri e Arthur Bottacin Cambler, pelos feedbacks inestimáveis que me deram a confiança para concluir este livro.

E, por fim, agradeço a todas as pessoas que confiaram suas vidas à minha conduta clínica e aos workshops sobre maturidade emocional e que permitiram que as ideias apresentadas aqui fossem testadas e questionadas ao longo dos anos.

Conheça outros livros do selo Paidós

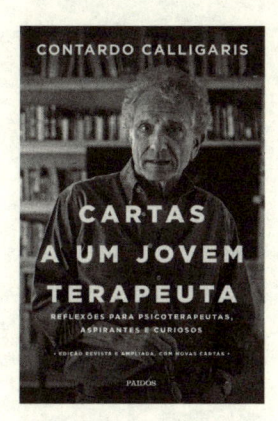

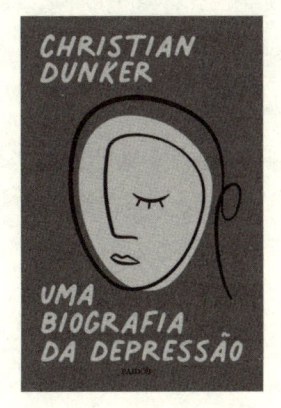

**Acreditamos
nos livros**

Este livro foi composto em Adobe Garamond
Pro e impresso pela Geográfica para a Editora
Planeta do Brasil em fevereiro de 2024.